L'OISEAU ET SA SYMBOLIQUE

MARIE-MADELEINE DAVY

L'OISEAU ET SA SYMBOLIQUE

Albin Michel

Collection « Spiritualités vivantes »
fondée par Jean Herbert
Nouvelles séries dirigées
par Marc de Smedt

22, rue Huyghens, 75014 Paris

ISBN 2-226-05755-2

Aux amis des oiseaux sauvages,
et à ceux qui éprouvent «la démangeaison des ailes».

PRÉFACE

RIEN de plus fascinant que le symbole de l'oiseau en raison de la diversité des domaines dont il participe : le vol, le chant, la plume et les couleurs. Intermédiaire entre le bas et le haut, la terre et le ciel, non seulement l'oiseau propose un enseignement, mais il possède le rare privilège de constituer pour l'homme un modèle.

Tout symbole comporte une ambivalence, un double aspect – positif et négatif –, une lumière et son ombre. À son point ultime surgit une alliance entre les contraires et, par conséquent, une transmutation.

L'oiseau appartient au règne animal, considéré comme inférieur. Celui-ci est présent dans l'homme de la même façon que le règne végétal. Des philosophes du Moyen Âge parlaient volontiers des « esprits animaux » qui, dans la nature humaine, provoquent des mouvements divers, des pulsions quasi incontrôlables, une agressivité et parfois une violence. L'appel à la raison, à la sagesse, et particulièrement à l'ascèse tend à contrôler les divers instincts liés à l'animalité. Celle-ci, au dire de Philon d'Alexandrie, précède l'accès au psychique et au spirituel. Ces différents états, qui devraient normalement se succéder dans le temps, s'imbriquent mutuellement. Tout en étant indépendants les uns des autres, ils se mélangent.

L'originalité de l'oiseau est de pouvoir échapper à la pesanteur animale. Par son origine, le volatile s'apparente au serpent. Dans la connaissance initiatique, la musique, l'art, la littérature, le folklore, oiseau et serpent s'accompagnent fréquemment. Il convient de ramper avant de pouvoir s'adonner au vol. Par ailleurs, serpents et oiseaux sont porteurs d'un langage secret qu'il importe de savoir déchiffrer. Le serpent est à l'oiseau ce que l'obscurité est au jour, c'est-à-dire son contraire. L'erreur serait de magnifier le jour aux dépens de la nuit. Il en est ainsi de l'oiseau et du serpent : chacun possède son individualité et sa vocation propre.

L'oiseau est à la fois un messager et un porteur de signes. La lecture s'effectue sur des claviers différents : direction du vol, couleurs du plumage, chants, singularité de chaque individu. Frère de l'ange, l'oiseau annonce de bonnes nouvelles. Chacun les interprète suivant sa propre perception ; seuls l'ignorant et le superstitieux peuvent y lire de mauvais présages. Dans toutes les traditions, l'oiseau est présent avec des significations qui varient suivant les continents et les époques.

Exposer la symbolique de l'oiseau exige d'avoir constamment recours à la phénoménologie de l'imaginaire. Celle-ci suggère une pluralité d'images. Les unes demeurent fidèles aux diverses traditions ; les autres surgissent des rêves diurnes des poètes et aussi de leurs songes. Inspirées, elles cernent l'essentiel. Les poètes ne récusent pas la raison : ils la dépassent. En s'évadant de tout cadre conceptuel, ils abandonnent aussi les systèmes idéologiques. Ainsi l'imaginaire est rempli d'images symboliques. Usées au cours de l'histoire, ces images se renouvellent grâce à l'imagination qui en fait redécouvrir le sens et le déploie avec une ferveur chargée d'intensité.

Situé dans l'espace aérien dépourvu de routes, qui ne présente rien d'autre qu'un vide animé par le vent, l'oiseau se meut en parfaite liberté. Il trace lui-même son chemin sans laisser le moindre vestige de son passage. Indigène, tout en étant voyageur, l'oiseau illustre les divers continents, aussi clairement qu'un Iroquois ou qu'un Bantou. Toutefois, les nationalités s'effacent devant les races auxquelles il s'apparente. Européen ou appartenant à l'Amérique du Nord, du Sud ou encore à l'Asie, l'Afrique, le rossignol aura les mêmes mélodies et le corbeau un cri identique. Porteurs de joie, les oiseaux par leurs chants rythment le renouvellement du printemps et ses festivités. Leur figuration s'étend à tous les arts : littérature, poésie, peinture, musique, architecture. Certains oiseaux semblent étranges et doués d'extraordinaires pouvoirs. D'où les récits les concernant dans les nombreuses légendes et le folklore.

Un texte oriental raconte qu'un oiseau revêtu d'un plumage chamarré se regardait dans l'eau calme d'une fontaine. Le miroir lui renvoyait des couleurs variées : rouge, bleu, vert, doré. Doué d'humilité, sachant qu'il n'était pas le créateur de sa magnificence, l'oiseau contemplait ce chatoiement. Il interrogea un passereau réputé pour la sagesse de sa connaissance.

– D'où me vient cet éventail de couleurs ?

Le moineau réfléchit longtemps avant de répondre :

– Tu es comparable, dit-il, à un minuscule arc-en-ciel. Évoquant le monde invisible, ta vocation est de relier le firmament à la terre. Grâce à ton vol, tu apprends aux hommes la nécessité de se dégager du sensible. Tel l'ange, dont tu es le petit frère terrestre en raison de tes ailes, tu annonces les bonnes nouvelles : tu enseignes le mystère des noces du céleste et du terrestre.

Satisfait par cette réponse, l'oiseau interrogateur s'envola en chantant. Le passereau, levant sa tête minuscule, suivit des yeux, là-haut, le sillage d'une lumière chatoyante...

Alors il s'émerveilla et poussa de légers pépiements pour exprimer son admiration.

Non loin, un tisserand avait en silence assisté à la scène. Il était pauvre et manquait de travail, mais il savait la langue des oiseaux et avait tout compris. Prenant un morceau de pain, il se mit à chanter avant d'entamer son frugal repas.

La brise transporta les vibrations sonores de l'oiseau et du tisserand : deux hymnes de joie se répondirent tels un couplet et un refrain. Et toute la création tressaillit de béatitude. Même les pierres riaient tandis que les boutons des fleurs s'ouvraient. C'était là leur façon de sourire.

Des hommes qui se trouvaient dans un chemin entendirent les mélodies. Mais ils n'y prêtèrent aucune attention.

Une petite taupe passa son museau à travers une motte de terre : elle écoutait et se sentait heureuse. Quant au soleil, il redoubla de clarté : l'air et la terre se réchauffèrent. Et ce fut le printemps.

Tout symbole interpelle celui qui le contemple. À l'enseignement qu'il livre, il ajoute un conseil : celui de ne pas se fixer à ce qui est découvert. Le symbole est comparable à un échelon qui doit être franchi pour remonter vers la source initiale. Peu à peu, le méditant délaisse l'horizontalité au profit de la dimension verticale : il abandonne le superficiel pour l'approfondissement.

Regarde-t-il l'oiseau voler, en distinguant le battement des ailes, écoute-t-il son chant, l'homme s'émerveille et la coloration du plumage le séduit. Cet enchantement le rend heureux et le fait verdoyer, telle une prairie éclairée par le jeune soleil.

Lorsque la symbolique de l'oiseau est vécue comme une expérience, il devient possible d'avoir une nouvelle connaissance du signe représenté par l'oiseau. Celui-ci a pour effet de provoquer une transformation du moi profond. La vastitude de l'air est comparable à celle du désert où il convient d'errer « sans mode ni mesure », selon le langage de Ruusbroec. D'où l'accès à une dimension neuve. L'oiseau, ami de la lumière révélante, chante le soleil. Durant la longue épreuve de l'hiver, il attend avec patience l'arrivée du printemps. Enfin l'oiseau apprend à l'homme un secret : celui du détachement sans lequel le monde invisible demeure clos. Dans cette perspective, le vol signifie une sortie de la conscience commune ; il est évasion d'un monde carcéral. Cette liberté est le fruit d'une condition préalable. Ne devient libre que le renonçant, celui qui n'engrange rien.

Pour être compris en profondeur, le symbole de l'oiseau exige une « intelligence spirituelle », ce qu'on nomme *scientia spiritualis*, ou encore ce *purus sensus* auquel fait allusion Césaire d'Arles, dans son exposé sur l'Apocalypse. L'intelligence spirituelle intellige. Capable de lire au-dedans, elle provoque une révélation, c'est-à-dire un déchirement des voiles, une pénétration du centre caché, toujours dissimulé au regard superficiel.

Si l'oiseau n'existait pas, l'homme risquerait de mourir de détresse, il deviendrait la proie du désespoir et de la lassitude. Étudier le symbole de l'oiseau, tenter d'en montrer l'amplitude, participe à l'apprentissage de « l'art d'aimer ». Amour de l'immensité, du mystère et aussi du secret qu'il importe de découvrir pour apprendre la nouveauté de vie qui se manifeste dans l'au-delà des divers esclavages. Le sens d'un symbole se déchiffre par rapport à la dimension humaine. Ainsi l'oiseau apprend à l'homme la joie cosmique et aussi la joie divine qui l'une et l'autre se rejoignent afin de parvenir à l'unité.

D'où l'invocation de Shelley qui se formule telle une prière :

> « *Enseigne-nous, esprit ou oiseau*
> ...
> *une louange d'amour ou une louange d'ivresse.* »

Note de l'auteur

Dans cette étude concernant l'oiseau et son symbole, le lecteur est invité à méditer sur des sujets qui peuvent lui sembler répétitifs. En effet, il s'agit de thèmes qui se correspondent. Toutefois, ceux-ci ne sont pas envisagés au même niveau. C'est à l'intérieur d'une vision ascensionnelle qu'il importe de constamment se placer.

Dans la mesure où la «lettre» s'efface devant l'«esprit», le symbole se déchiffre. La coque se brise et le centre (le noyau, le cœur, la perle) livre son trésor. Chacun le reçoit suivant sa capacité. Celle-ci relève de la qualité de l'instant. Extrêmement mobile, la psyché traverse de multiples saisons. Son appréhension comporte des moments d'ouverture et aussi de clôture. Seul l'accès au pneuma (à l'esprit) permet d'atteindre un équilibre toujours fragile durant l'existence. La stabilité se manifeste dans la mesure où l'état de sagesse survient. Il permet l'accès à un au-delà des diverses alternances.

Première partie

SPÉCIFICITÉ DES OISEAUX

Origine et destin : oiseaux et serpents. – Le corps de l'oiseau. – La rondeur. – L'aile. – La plume. – Les couleurs et les chants. – La saison de l'oiseau : le printemps. – L'espace. – La lumière. – La liberté. – L'oiseau-Esprit.

« L'oiseau qui annonce le jour
chante l'approche de la lumière. »

PRUDENCE.

Origine et destin : oiseaux et serpents

D'après la Genèse (1,20), l'Éternel créa le quatrième jour les poissons et les oiseaux. Les uns eurent pour demeure l'eau et les autres l'air. Le lendemain, le cinquième jour, apparurent les reptiles et les autres animaux. Ainsi les oiseaux sont antérieurs aux serpents.

Comme l'a très bien montré Jean Delumeau, professeur au Collège de France, dans son ouvrage *Ce que je crois*, la Genèse ne saurait être lue à la façon d'un récit historique, mais « comme une parabole inspirée ». Et chacun sait que l'expression « jour » ne signifie, en aucune manière, une durée de vingt-quatre heures. Plutôt un laps de temps distinct à la fois de ce qui précède et de ce qui suit.

Au niveau des connaissances scientifiques, la chronologie est inversée : les serpents précèdent les oiseaux. Plus encore, les oiseaux ont de très lointains ancêtres : les dinosaures. Ainsi l'oiseau aurait une relation ancestrale avec les reptiles. Toutefois, les savants qui acceptent cette théorie, non unanimement partagée, dénoncent le manque de chaînon entre les reptiles du jurassique et l'oiseau. Il serait intéressant aussi d'étudier le rapport entre l'écaille et la plume. C'est seulement au cours du tertiaire que l'originalité des plumes se multiplie et se différencie. La diversité des colorations s'effectue durant le quaternaire et s'étend à certaines espèces. Parmi celles-ci un grand nombre disparaîtra au cours du temps.

Si l'on accepte la thèse des serpents arrière-arrière-grands-parents des oiseaux, on peut faire sienne l'affirmation de Louis Necker (directeur du musée d'Ethnographie de Genève) et de Philippe Taquet (directeur du Muséum national d'histoire naturelle de Paris) : « Il y a cent quarante millions d'années naissait, au sein d'un monde peuplé d'une multitude de reptiles et de rares mammifères, une nouvelle lignée de vertébrés, celle des oiseaux. L'écaille reptilienne, rugueuse et rigide, se transformait en une structure légère, isolante et douce... la plume. Grâce à la plume, l'essor des oiseaux était assuré et ces descendants des reptiles occupaient rapidement toute la surface de la terre, océans et continents, forêts et déserts, plaines et montagnes... Dans tous les pays et à toutes les époques de son histoire, l'homme a mêlé étroitement l'oiseau à sa vie et à ses mythes[1]. »

Le signe de cette éventuelle parenté se retrouve très souvent dans l'art et le folklore, où l'oiseau se présente accompagné d'un serpent. Déjà le Psaume (148, 10) formule une invitation en les désignant ensemble : « Louez l'Éternel, reptiles et oiseaux ailés ! » Dans l'œuvre de l'artiste ou du conteur, il s'agit surtout d'évoquer deux animaux antagonistes. L'un rampant, glissant sur la terre, mordant la poussière du sol ; l'autre se déplaçant avec aisance dans l'espace aérien. Il est encore possible que ces images antinomiques soient utilisées pour signifier un point initial et aussi un terme. Un tel processus pourrait concerner l'homme et son aventure. Au départ, l'homme s'ancre dans le passage terrestre : il s'y colle. À la fin de son ascension humaine, il devient « symboliquement » pourvu d'ailes, après en avoir subi la démangeaison au sens de Socrate. Cette mutation en fait un voyageur passant du terrestre au céleste. Précédemment corps animé, il transcende sa première condition en faveur de la dimension de l'esprit. D'où son nouveau type de mobilité. On pourrait évoquer ici l'opposition, chère à la pensée juive et exprimée dans l'Ancien Testament, de l'agriculteur et du berger, du sédentaire et du nomade. Dans le premier exemple, l'un se fixe dans un lieu déterminé ; dans l'autre, il se déplace au gré de sa propre mouvance. Dans tous les cas, la plénitude de la condition humaine est une acquisition.

L'opposition entre l'oiseau et le serpent, ou plus exactement entre le serpent et l'oiseau, si on accepte l'antériorité des reptiles, se situe à différents niveaux. Le serpent habite dans les fentes, les crevasses. Il entretient un constant rapport avec le monde souterrain et ses forces telluriques. Quant à l'oiseau, amoureux de la lumière, il en reçoit les bienfaits.

Une légende grecque illustre ces contraires et les correspondances entre le serpent et l'oiseau. Deux jumeaux, Cassandre et Hélénos, sont déposés dans le temple d'Apollon. Pendant leur sommeil, les serpents surgissent et lèchent leurs yeux et leurs oreilles. Grâce à cette action imputable aux serpents, Cassandre devient capable de prédire l'avenir ; elle délire à la façon de la pythie de Delphes. Quant à son frère Hélénos, il sait interpréter le chant des oiseaux.

Un autre récit fait allusion à un certain Mélampous. Celui-ci avait élevé de jeunes serpents apportés par des esclaves. Reconnaissants, les reptiles caressèrent ses oreilles tandis qu'il sommeillait. À son éveil, le dormeur comprit qu'un changement s'était produit durant la nuit. Son ouïe développée lui permettait soudain de comprendre le langage universel[2].

Cette animation des sens subtils, on pourrait dire des sens intérieurs, provoquée par le serpent, se retrouve avec l'oiseau d'une façon non identique mais analogue. Ce qui est attribué à la langue des serpents provient du vol, du chant et de l'oiseau lui-même. Une remarque tout d'abord s'impose. Le langage courant utilise l'expression « les serpents » ou « le serpent », « un serpent », sans nécessairement préciser l'espèce. Si parfois on emploie le terme générique d'« oiseau », très souvent, en revanche, celui-ci est individualisé. L'oiseau est appelé suivant son genre, sa fonction. Sa signification symbolique s'affirme d'après son nom. Par exemple un rossignol, une chouette, etc. La distinction entre les rapaces et les non-rapaces est retenue dans la majorité des cas.

Il existe un autre point commun entre l'oiseau et le serpent. L'un et l'autre possèdent des pouvoirs guérisseurs. Le caducée (attribut de Mercure) n'est-il pas l'emblème des médecins et des pharmaciens? Autour d'une baguette, deux serpents s'enlacent, surmontés de deux ailes horizontales.

La comparaison, d'ailleurs antinomique, entre le serpent et l'aile se retrouve dans maints récits. Du mot vipère, *vipera* en latin, provient le nom de *vouivre.* Il s'agit, dans la littérature fantastique de la Gaule, d'un monstre, serpent ailé pourvu d'une escarboucle à la place de l'œil. Celle-ci correspond au diamant posé sur le front des dragons. Cet animal fabuleux est en rapport avec les forces telluriques. On le considérait comme le gardien des trésors, en particulier des richesses minières. Le serpent est donc lié aux couches profondes de la terre, au monde souterrain, tandis que l'aile, permettant le vol, rend l'oiseau indigène dans l'espace aérien rempli de secrets.

Les affinités entre l'oiseau et l'homme suscitent le problème des relations entre l'animal et l'homme – afin de déterminer l'intimité de leurs liens.

Le culte des animaux, les divers aspects de la zoolâtrie existaient dans certaines religions primitives. Les Égyptiens attribuaient aux animaux une dimension extra-humaine. Avec Israël, hommes et animaux sont nommés des « vivants ». L'homme protège l'animal. Il en est ainsi pour Noé lors du Déluge. De son côté, l'animal tente de secourir l'homme. Une ânesse conseille Balaam (Nb 22, 22-35). Un immense poisson conduit Jonas dans une bonne voie (Jon 2,1), des corbeaux nourrissent Élie (I Rois 17,7), etc. Toutefois, l'homme offre des sacrifices d'animaux pour se concilier l'Éternel et appeler sa protection.

Étudier la symbolique de l'oiseau exige encore d'avoir en mémoire la présence des animaux dans l'alliance conclue entre l'Éternel et Noé (Gn 9, 9 sv.). Le Sabbat est valable pour les hommes et les animaux. À eux aussi s'applique la loi ; les crimes des hommes et des animaux sont punis. Dans certains cas, ils ne sauraient échapper à la lapidation (Ex 21, 28-32). Les uns et les autres sont invités à se repentir[3].

Très tôt une évolution se dessine, elle concerne les contacts entre l'homme et les animaux. De nombreux bestiaires du Moyen Âge retiennent surtout un sens moral. Le plus souvent, les auteurs s'approprient les thèmes exposés dans un *Physiologus* composé en grec dont la réputation s'imposa à Alexandrie dès le IIe siècle. Plusieurs fois traduit en latin, ce texte a servi de base aux commentaires ultérieurs. À cette version s'ajoutèrent certains propos extraits d'œuvres appartenant à l'Antiquité. Dès le XIIIe siècle, les encyclopédies utilisèrent les bestiaires antérieurement connus[4].

Un autre facteur, d'une très grande importance, modifia

les rapports entre l'homme et les animaux ; les oiseaux n'échappèrent pas à un type imprévu de condamnation.

Dans l'Occident chrétien, l'homme se sait pécheur. Du fait de la faute originelle, il était normal de penser que toutes les créatures en subissaient les conséquences. Peu à peu, l'homme va éprouver la nécessité de se décharger sur le monde animal innocent de sa pesanteur peccamineuse. Il lui semble s'alléger en partageant. De ce fait, chaque animal sera qualifié de bon ou de mauvais. « Bon », il appartient à la mouvance du Christ ; « mauvais », il relève du diable. Ainsi le démoniaque va s'infiltrer dans l'animalité et apporter un dérèglement arbitraire. Les oiseaux ne seront pas épargnés. L'acharnement à noircir va désormais tout confondre. L'ignorance et la superstition, habilement conjuguées, pourront se renforcer l'une l'autre. En raison du rôle du serpent dans la Genèse, celui-ci était déjà qualifié de démoniaque. Or, l'aspect reptilien s'étend et son déploiement déséquilibre la relation de l'homme avec la nature. Ainsi on comprend mieux la rupture de l'homme banal – c'est-à-dire de l'individu prisonnier de son animalité et de son psychisme – avec l'animalité envisagée sous deux aspects : celle qui est en lui-même avant de se prolonger dans ce qu'il considère à tort comme extérieur. L'homme animal et psychique se nourrit volontiers de laideur. Le goût du servile et du pestilentiel compte parmi ses appétits. Seul l'homme animé par l'esprit opère la transfiguration ; le cœur pur possède un attrait envers l'innocence et la virginalité de l'âme. D'où les rapports affectueux et fraternels des Pères du Désert et des mystiques avec les animaux sauvages. François d'Assise sera, au XIIIe siècle, l'ami des oiseaux dont il perçoit le langage.

L'homme en qui « l'esprit a fait sa brèche », pour employer l'expression de Jacob Böhme, éprouve pour les oiseaux une particulière dilection. Il ne saurait oublier la présence divine qui, sous la forme d'un oiseau, plane, d'après la Genèse, sur les eaux primordiales. Diverses traditions mentionnent l'oiseau qui couve l'œuf d'or du monde. Selon Aristophane, les oiseaux sont antérieurs aux dieux. Éros, étant sorti de l'œuf originel, s'unit au Chaos ailé dans l'obscurité ténébreuse. De cette rencontre amoureuse naquirent les oiseaux. Ainsi l'aile précède le pas. Avant d'être condamné à ramper, le serpent lui-même était pourvu d'ailes. Dans leurs différentes représentations, reptiles et dragons apparaissent souvent ailés. Peu importent la chronologie et l'ordre des naissances, des apparitions dans la nature. L'histoire, ici, doit être dépassée en faveur de la métahistoire. Devenir ailé, à la façon de l'oiseau, est à la fois une acquisition et un retour vers la condition originelle. D'où l'ampleur de la symbolique de l'oiseau.

Le corps de l'oiseau

L'oiseau possède la maîtrise de l'espace. Il doit cette performance à son extrême légèreté. Ses os menus sont longs et remplis d'air. Son absence de mâchoire allège sa tête. Pas de vessie dans son ventre. Ainsi son corps est merveilleusement adapté à sa condition aérienne.

Fait curieux qu'il convient de remarquer : le cœur de l'oiseau est relativement gros et ses battements extrêmement rapides. Qui a tenu entre ses doigts un petit corps d'oiseau est bouleversé par le tic-tac qu'accélère l'effroi de s'éprouver prisonnier. Les mouvements du cœur d'un volatile sont hors de toute comparaison avec ceux d'un mammifère, même de taille minuscule.

Le *Livre des morts* égyptien – et son illustration sur les papyrus et sur les murs des tombeaux – font allusion à l'âme du défunt assistant à la pesée de son cœur devant Osiris. Dans un des plateaux d'une balance, son cœur ; posé dans son vis-à-vis, une plume. Peu importent le volume du cœur et son poids. Ce sont les pensées, les désirs, l'angoisse qui le rendent pesant. L'inquiétude à l'égard de l'avenir a pour effet de l'alourdir.

Le sage n'entretient pas en lui-même les soucis. Il les rejette à la seconde même où ils se présentent et tentent de l'envahir.

Or l'oiseau vit dans l'instant. Sa mémoire n'est pas encombrée par la crainte de perdre quelque chose ou de ne pas l'acquérir. Il ne saurait thésauriser. Ainsi l'oiseau pourrait se définir : un cœur ailé, un cœur aérien.

La forme du bec de l'oiseau correspond à son alimentation. Il apparaît droit ou recourbé. Les insectivores possèdent un bec plus fin que les granivores. Le vol exige une grande dépense d'énergie, d'où la nécessité d'une ample nourriture. Certains oiseaux menus absorbent une alimentation quotidienne correspondant à leur poids et parfois le dépassant.

L'oiseau serait-il vorace, d'une excessive gourmandise ? Non. Il mange pour se maintenir en vie, afin de pouvoir assurer la permanence de son vol. Son instinct le guide dans ses choix. Privé du moindre tissu adipeux, n'ayant aucune réserve qui pourrait lui permettre de se maintenir sans nourriture, le moindre jeûne lui est interdit. Lors des périodes de disette, provoquées par un froid excessif, il meurt nécessairement. Les insecticides, répandus par les agriculteurs, éliminent les insectes. Cette disparition détermine pour certaines espèces d'oiseaux un temps de famine. La pollution de l'air engendre aussi de nombreux décès d'oiseaux. Car cet air, non seulement ils le respirent, le brassent par le mouvement de leurs ailes, mais leur corps aérien l'aspire et le retient.

L'eau polluée est aussi une calamité. La télévision a présenté des images atroces : celles de nappes de pétrole répandues sur la mer. À la suite d'accidents arrivés aux bateaux qui le transportent, le liquide mortel s'est étalé au large, gagnant les plages sous l'action du vent qui le fait dériver. D'où la vision affreuse d'innombrables corps de mouettes et de goélands mourants, englués sur les rivages. L'existence des oiseaux est sans cesse menacée par les produits toxiques immergés dans les fleuves, les rivières, les ruisseaux. Le nouveau type de civilisation qui s'ébauche met en péril le monde ailé avant d'atteindre aussi les hommes. Qu'elle se généralise, il n'y aura plus d'oiseaux et la nature aura perdu joie, beauté et chants.

La rondeur

Qu'ils soient diurnes ou nocturnes, les oiseaux possèdent des yeux ronds. Cette rondeur ne leur est point particulière. D'autres animaux présentent des formes identiques. Dans la majorité des espèces, les yeux des oiseaux évoquent deux perles brillantes de couleur sombre. Chez les oiseaux de nuit, telle la chouette, la pupille dilatée est entourée d'un iris.

Une rondeur plus subtile se présente. Elle s'origine dans le regard qui se pose sur l'oiseau. Ce regard souhaite souligner la beauté, l'achèvement, l'unité. Le rampant est dépourvu de cette prérogative. De même l'animal se déplaçant sur le sol avec ses pattes ne peut y prétendre. En évoquant la rondeur, les philosophes et les poètes proclament leur propre émerveillement ! Adam nomma les animaux qui défilèrent devant lui dans l'Éden. Qualifier les oiseaux de rondeur, présenter le symbole du rond à leur propos, consiste à notifier leur parenté avec le divin, non seulement avec les anges, mais avec Dieu lui-même.

Selon Jules Michelet, « l'oiseau est presque tout sphérique ». Enlevons ce « presque », écrira Bachelard, « nous avons alors une participation évidente au principe jaspersien de "l'être rond"[5] ».

Le rond indique la perfection. Pour le déclarer « rond », Michelet, précise Bachelard, « a saisi l'être de l'oiseau dans sa situation cosmique », comme une centralisation de la vie... enclose dans une boucle vivante... l'oiseau absolu, l'être de la vie ronde[6].

Rondeur cosmique, flottant sous la coupole du firmament. Une comparaison imprévue, s'ajoute :

« *... ce rond cri d'oiseau* »

Cette nouvelle rondeur, évoquée par Rainer Maria Rilke[7], apparaît suggestive. Écouter l'oiseau, s'extasier devant sa mélodie, ne serait-ce pas recevoir, en soi-même, le don d'une certaine rondeur, c'est-à-dire d'une ascension libératrice parce que révélante. Une rondeur qui se déploie devient résonnante et soulève un écho. En provoquant la sortie de la conscience commune, la rondeur isole, elle rend solitaire. De l'originalité résulte une mise à l'écart, une distance. La rondeur ne s'imite pas, elle n'est point répétitive. À moins de la posséder par la naissance, comme l'oiseau, elle est toujours le résultat d'une conquête.

Ainsi la pierre abandonne ses aspérités, ses formes pointues lorsqu'elle est malaxée par les vagues des océans. La voici ronde. Pour l'oiseau, peu importe l'action du vent, le brassage de l'air, sa rondeur dépend de sa caractéristique essentielle : sa condition aérienne.

La rondeur évoque la roue, la rosace, le soleil, le nid. D'après les Proverbes (8,27), l'Éternel, avant de créer, en présence de la sagesse, « trace un cercle à la surface de l'abîme ».

L'aile

Chez les peuples de l'Antiquité, l'aile était la propriété des dieux. Dans l'art, toute forme entourée d'ailes appartenait à une dimension sacrée échappant au monde profane. D'où le soleil ailé. Horus, dieu égyptien (représenté sous la forme d'un faucon ou encore d'un homme à tête de faucon), les chérubins-taureaux (assyriens), l'arche d'Alliance (Israël), les Sphinx, Pégase (le cheval ailé des Grecs). Les ailes pouvaient être fixées non pas aux épaules mais aux pieds tel Hermès (dieu grec identifié avec le Mercure des Latins). La Victoire avait des ailes et les Gaulois portaient des casques ailés. L'écrivain Mario Meunier a montré l'importance des ailes pour les dieux et les héros[8].

Dans son *Bestiaire du Christ*, Charbonneau-Lassay a consacré quelques pages à la présence des ailes dans la symbolique chrétienne[9]. Ailes des anges, des âmes, ailes d'oiseaux dans les catacombes romaines et plus tard ailes du Paraclet. Utilisation aussi de la lettre hébraïque *iod* : deux *iod* se rejoignent à la façon de deux ailes (sphère au-dessus de laquelle il y a deux *iod* en forme d'ailes), bouche formée de deux *iod* (présentant l'image hermétique du verbe humain), graine ailée du sycomore, de l'ormeau, de l'érable, etc. Présence des ailes dans l'héraldique[10].

Propriété des volatiles, l'aile apparaît toujours mystérieuse. Sa présence provoque une mise à part. Elle permet de distinguer ceux qui se déplacent grâce au vol, des rampants et des marcheurs.

Pourquoi évoquer le mystère de l'aile ? Du seul fait de l'inconnu offert par l'espace aérien. Plus encore, ce qui est ailé est porteur de secrets. Certains textes de l'Ancien Testament font allusion aux ailes de Dieu : « Tu me protégeras à l'ombre de Tes ailes » (Ps 17,9) ; « tu mettras ton espoir dans Ses ailes » (Ps 36,8). Ainsi Dieu est ailé. Or, dans la première création, l'homme fait à l'image divine est donc un personnage ailé. La créature humaine rejoint son archétype.

Afin de saisir le sens métaphorique de l'aile, il importe de savoir quels sont ses attributs. Selon Grégoire de Nysse, « les ailes de Dieu ce sont la puissance, la béatitude, l'incorruptibilité[11] ». Ainsi l'aile est divine. La perdre consiste à tomber dans l'animalité. Mais les ailes repoussent et l'âme peut devenir ailée en recouvrant son premier état.

L'origine de ce thème de l'âme ailée est platonicienne. On la trouve dans le *Phèdre* (246 b-d). L'aile coïncide avec un « cheminement dans les hauteurs ». Expression platonicienne exploitée aussi par les écrivains chrétiens. Le Verbe restaure les ailes et l'Esprit Saint est toujours représenté sous la forme d'un oiseau.

L'aile s'oppose aux « tuniques de peau ». Cette expression empruntée à la Genèse (3,21) prend des significations différentes suivant les auteurs. Le plus souvent, les « tuniques » désignent les passions et la mortalité.

L'homme a été créé tout d'abord à l'image de Dieu. Cette image persiste sous le revêtement des « tuniques » figurant l'animalité. Il ne s'agit pas de peaux d'animaux, mais des pulsions instinctives affectant l'état animal. Ces survêtements concernant le sensible, le corps n'est pas atteint en lui-même. Toutefois, il subit la pesanteur animale. Cette-ci s'exprime en particulier par la volupté, la colère, la gourmandise.

L'oiseau ailé évoque pour l'homme l'abandon des « tuniques » en faveur d'une acquisition des ailes. Bien entendu, l'interprétation est d'ordre symbolique, mais elle est significative. L'aile devient le symbole du Pneuma (esprit). Le contraste entre les « tuniques de peaux » et les « ailes » met en évidence l'opposition entre l'homme animal et l'homme transfiguré. Ainsi la vue d'un oiseau ailé devrait se traduire comme un signe de la tendresse et de la compassion divines. Il rappelle à l'homme sa vocation primordiale, donc la nécessité de se dépouiller d'un survêtement accessoire et passager afin d'acquérir un état ailé. Non seulement une telle conquête est difficile, mais il n'est point aisé de la maintenir.

Pour empêcher le vol des oiseaux qu'on veut apprivoiser ou encore maintenir, par exemple, dans les basses-cours, *on leur rogne* les ailes. Amputation tragique, *si elle est vue*, dans une perspective symbolique! Une existence banale provoque un rognage des ailes. Les individus ailés ne sont pas facilement acceptés par la majorité des hommes, on les taxe d'originalité. Leur personnalité les isole, ils deviennent obligatoirement des solitaires et leur joie trouve sa source dans leur intériorité. Toutefois, ils sont protégés, il existe une communion secrète entre les êtres ailés. Et cela en dehors du temps et de l'espace. D'ailleurs « c'est en vain qu'on jette des filets à ceux qui ont des ailes » (Pr 1,17).

La plume

Jadis, on croyait volontiers que la peau d'un animal fraîchement tué conservait des forces vitales dont pouvaient hériter ceux qui s'en revêtaient. Il en était de même pour les plumes d'oiseaux. En effet, les plumes de certains oiseaux étaient censées communiquer des énergies solaires dont elles avaient capté le rayonnement. Porter des plumes n'était donc pas un ornement mais déterminait un accroissement de chaleur et de vie. Ainsi les plumes d'aigle et de paon conféraient non seulement une beauté mais une dignité, une gloire. La couleur des plumes remplissait aussi un rôle, chacune présentait une signification particulière.

Prendre des plumes d'oiseau, les mettre sur le corps ou sur la tête était non seulement une façon de participer aux forces vitales de l'oiseau à qui elles appartenaient, mais c'était aussi communiquer avec l'air, le souffle, l'espace. Tout objet, une fois recouvert de plumes, passait, de ce fait, dans une dimension nouvelle appartenant à un au-delà du corps et aussi du temporel.

Dans son ouvrage concernant *L'Interprétation des contes de fées*, M.-L. von Franz fait allusion à une tribu d'Amérique du Sud qui utilisait le mot « plume » pour désigner le plan psychologique. On parlait d'un « renard-plume », d'une « flèche-plume », d'un « arbre-plume »[12]. En réalité, il s'agit moins d'un niveau psychique que spirituel. Ainsi, la plume fait franchir un seuil, sans nécessairement le dépasser.

La structure de la plume, sa légèreté, l'oppose à la pesanteur. Le vent la soulève, l'agite, la fait danser. La couronne de plumes entourant le front était censée procurer aux Indiens des pouvoirs magiques.

Louis Charbonneau-Lassay signale que, pour les Grecs et les Romains, « la grande plume d'oiseau, la penne, fut attachée au symbolisme de la célérité, parce que c'est elle qui forme les ailes des volatiles, et que, déjà, on empennait les flèches des arcs[13] ». La plume taillée de l'oie ou encore du cygne et du paon était utilisée pour l'écriture à l'encre. La parole écrite pouvait aussi répondre à une inspiration.

Le thème de l'âme-oiseau qui, nous l'avons vu, s'étendra de l'Égypte aux chrétiens explique la participation de la plume à un monde extra-terrestre. Tel le vent, l'Esprit, en tant que souffle anime la plume, la fait vibrer, la rend, en quelque sorte, sonore : la plume chante !

Isolée du corps de l'oiseau, qu'auparavant elle recouvrait, la plume demeure dépendante de la symbolique de l'espèce de volatile dont elle est issue. Elle peut encore établir une communication avec un monde étrange : l'imaginaire. Monde subtil, auquel ne peuvent accéder que ceux qui sont devenus capables de vivre en dehors de la banalité de la conscience commune. La plume ne coïncide pas avec le sensible. Elle se situe dans l'ordre de l'intelligible, elle débouche non sur le « clos » mais sur l'« ouvert » : l'espace du dehors, auquel s'ajoute l'espace illimité du dedans.

Les couleurs et les chants

Avec leur plumage et leur ramage, les oiseaux offrent un éventail à l'interprétation symbolique des couleurs et des sons.

Pour couvrir sa nudité, l'homme choisit ses habits et les change suivant les saisons. Une ample variété est un signe de richesse et de mondanité.

L'oiseau subit son ornement. Dame nature lui en a fait don une fois pour toutes. L'intensité des couleurs change avec la lumière et, deux fois par an, l'oiseau traverse une mue. On pourrait croire que les plus merveilleux chanteurs sont les mieux colorés. Il n'en est rien. Le cumul semble, le plus souvent, interdit. Ainsi le rossignol, artiste par excellence, est vêtu sobrement, il passe inaperçu avec sa robe couleur de terre. Les teintes et les chants demeurent indépendants les uns des autres.

L'homme et l'animal se distinguent par leur voix. Entendre miauler, évoque un chat; beugler, une vache; bêler, un mouton. Écouter la voix d'un homme permet d'en avoir la connaissance, à condition toutefois qu'elle demeure naturelle. La voix vulgaire, ou chargée d'un accent de terroir, pourra se modifier au cours de l'existence. Quant à la voix salonnarde, elle tend heureusement à se perdre. Artificiel, son ton risque d'irriter ceux qui possèdent le goût de la simplicité. Dans les sons qu'il émet, l'homme fait inconsciemment passer sa différence, sa propre singularité.

Il en est ainsi de l'oiseau. Entendre son cri ou ses chants permet de le nommer sans pour autant le voir. Lorsqu'il se tait, la coloration de son plumage signale son espèce. Certains oiseaux savent imiter les sons d'un de leurs congénères. Ce jeu doit amuser le simulateur. Se moque-t-il, cède-t-il à l'ironie? C'est improbable! À cet égard, l'oiseau présente une innocence, une fraîcheur qu'on ne saurait imputer à l'humoriste copiant l'accent d'un homme politique. Provoquer l'hilarité des auditeurs et spectateurs en quête de divertissements relève uniquement de l'espèce humaine. D'ailleurs, le sourire et le rire n'appartiennent pas aux volatiles. Le bec ne se détend pas à la façon des lèvres. Le sourire de l'oiseau et son rire passent dans ses chants.

L'âme se glisse dans la voix humaine. La chaleur du cœur aussi et de même sa froideur. L'orgueil, la sottise, la vanité l'animent. La modestie s'y insinue. Du grave à l'aigu, les claviers divers se succèdent. La monotonie engendre l'ennui. L'être humain apparaît souvent bavard. Et l'oiseau ne l'est point, mis à part le coucou qui éprouve la nécessité de communiquer sa joie devant le renouveau du printemps. Contrairement à l'espèce humaine, la femelle animale ne se laisse couvrir qu'à l'instant où elle pourra être fécondée. Sinon, elle refuse l'approche du mâle. De même, l'oiseau ne chante que suivant les saisons, sinon il se tait. Il suit son instinct. Même chez l'oiseau domestiqué par l'homme, mis en cage, la pulsion persiste; toutefois, elle se minimise.

L'originalité de l'oiseau se manifeste dans son plumage et dans son chant. Son cri n'est pas le fruit d'une acquisition, il est inné, telle sa couleur. Coloration des plumes et musicalité de la voix ne sont point modifiées par l'âge. Les plumes ne blanchissent point et la voix de l'oiseau ne devient pas hésitante. Elle ne perd jamais la qualité de sa sonorité. Sons et couleurs demeurent identiques au cours des ans. Encore une fois, chants et couleurs vives ou grisailles, robe brunâtre et noire répondent à la spécificité de l'oiseau. Les teintes différentes se multiplient sur des corps minuscules. Costumes bariolés, arcs-en-ciel se mouvant dans l'espace, fleurs volantes épousant l'air. Nul besoin d'échelle pour monter et descendre. Un toit, une branche, une corolle, une pierre, le sol lui-même deviennent des lieux de repos momentané.

La symbolique des couleurs de ces êtres aériens ne s'offre pas obligatoirement au regard. Le rossignol chante et on le voit rarement. Le plus souvent, la mélodie est perçue, mais l'artiste ne se montre guère, il se camoufle, se cache aux yeux indiscrets. Le photographe et le cinéaste doivent faire preuve d'une grande patience pour découvrir l'oiseau dans son nid et dans ses diverses retraites. À la différence de l'homme, l'oiseau n'attend pas les louanges venant de ses confrères. La singularité d'une vocation ailée est de se suffire à elle-même, du fait de son unité simple, de sa pureté.

L'oiseau-artiste n'a nul besoin de se faire reconnaître. L'exaltation de son chant s'exprime en une totalité qui se boucle. Sa joie rayonne gratuitement dans la nature. Dans les forêts, les arbres se réjouissent, les sons provoquent le balancement des feuilles à la façon d'un vent léger. Une douce béatitude envahit la nature. Telle la rose, dont parle Angelus Silesius, qui fleurit « sans pourquoi », la coloration du plumage et les sons des chants n'éprouvent nul besoin d'être vus ou entendus. « Il n'existe peut-être aucune œuvre d'art qui tienne son charme du seul balancement des lignes et des tons qui s'adresse uniquement aux yeux[14]. » Ce propos de Rodin convient à l'oiseau. Ce n'est pas à nos yeux extérieurs que l'oiseau s'adresse, mais à notre oreille et à notre regard intérieurs. Lorsque l'oreille capte les sons, l'ouïe du cœur les perçoit. Or l'ouïe précède la vision, comme le dira Bernard de Clairvaux. L'ouïe pressent la présence du mystère ; ce qui est caché se révèle. « Écoute, ma fille, et vois », dit le texte biblique (Ps 44,11).

Ainsi le plumage des oiseaux et leurs chants s'offrent à la lecture de l'homme orienté vers la libération. Les gangues isolantes sont traversées. Les chants provoquent l'éveil des sens intérieurs plus aigus que ceux qui se manifestent au-dehors. La dimension humaine se prolonge et débouche sur la correspondance divine.

Le chant des oiseaux fait éclore l'homme intérieur. Il

remplit la fonction d'une liturgie sacrée. L'oiseau lance, sans le savoir, des ponts aériens, il établit des relations entre le temps et l'éternité. Il efface les antinomies. Le voici messager annonçant une bonne nouvelle : les noces du terrestre et du céleste.

L'homme est-il capable de percevoir à travers les chants des oiseaux l'appel qui lui est adressé ? Est-il en mesure de l'accepter, d'émettre un « oui » affirmant son acquiescement ? Le chant formule une invitation. Celle de l'ange s'adressant à la Vierge pour lui demander de consentir à devenir mère du *puer aeternus*, de l'enfant éternel, l'Enfant divin. Tout homme – dira Eckhart – se doit de pouvoir devenir « mère de Dieu ». Étrange mystère non mesurable du fait de son immensité.

Le monde des anges immortels est sur la terre secondé par leurs frères mortels, les oiseaux. Les anges chantent la gloire de Dieu, les oiseaux célèbrent la beauté de l'univers terrestre ; la présence de l'image divine dans l'homme s'anime et va recouvrir la ressemblance momentanément perdue. L'Éternel se manifeste dans la brise, et l'oiseau la rencontre durant son vol.

À la suite de la faute d'origine, Adam et Ève furent chassés du Paradis terrestre dont les chérubins gardèrent l'entrée. L'oiseau, avec ses chants, va aider l'homme à se réintroduire dans l'Éden. Jardin secret intériorisé dans lequel l'Éternel se promène et fait entendre sa voix.

Plus de chaos, mais une ordonnance harmonieuse. Un renouveau dans l'homme, une renaissance, un éternel printemps. Avec ses mélodies célestes, l'oiseau tisse des liens d'amour entre des dimensions jugées opposées par l'ignorant.

L'oiseau annonce une terre transfigurée : « Je vis un nouveau ciel et une nouvelle terre » (Ap 21,1). Qui sait percevoir la nouvelle alliance, annoncée par les chants des oiseaux, reçoit la vision d'une terre nouvelle et d'un ciel neuf. « Et je vis le ciel ouvert » (Ap 19,11). Une échancrure se forme. L'homme apprend à lire et à voir grâce à cette fissure.

Le chant de l'oiseau ouvre une brèche dans l'homme. Désormais celui-ci peut voir... tel l'Époux du Cantique des Cantiques (2,9), épiant à travers les treillis. Et l'homme s'émerveille !

Malheureusement, il est rare de savoir écouter et de pouvoir admirer. Olivier Messiaen, qui s'est consacré à la notation musicale des chants d'oiseaux, précise cette carence : « Je parle de foi à des gens qui ne l'ont pas, d'oiseaux à des gens qui ne les aiment pas, de rythmes à des gens qui ne voient rien. » Peu importe ! Cet artiste merveilleux possède un sens cosmique qui le rend capable de percevoir les chants et les couleurs de la nature. D'où son propos concernant la vraie, la seule musique : « Harmonie du vent dans les arbres, – rythme des vagues de la mer (...) chants d'oiseaux[15]. » Messiaen ajoute : « Si j'ai choisi pour maîtres les oiseaux, c'est que la vie est courte, et que noter des chants d'oiseaux est tout de même plus facile à un musicien que la transcription des harmonies du vent ou du rythme des flots...[16] »

Aux plumages et aux chants, il convient d'ajouter l'originalité des œuvres des oiseaux artistes. Celles-ci mériteraient d'être exposées dans des musées.

Pour la construction des nids, certains mâles se montrent parfois d'inlassables architectes. Non seulement ils construisent, avec leur épouse, un nid pour leurs enfants, mais ils ébauchent parfois une ou plusieurs résidences secondaires qui ne seront pas toujours achevées. Les couleurs des demeures varient suivant l'emploi des fibres végétales, des duvets de saule et de peuplier, des brindilles ou de la mousse. Les formes des nids s'érigent suivant les exigences propres au mode de vie des habitants. À chaque espèce répond une forme particulière. Celle des mésanges est une sorte de moufle aux parois épaisses. L'endroit du pouce se termine par une ouverture désignant la porte qui est aussi la fenêtre d'aération. Dans le fond de la poche, les œufs et ensuite les oisillons seront au chaud et cachés au regard des intrus trop gros pour passer à travers la lucarne ronde. On penserait volontiers que le roitelet, oiseau menu, a le goût d'un nid correspondant à sa taille. Il n'en est pas question. Noblesse oblige! Le nid du roitelet est vaste et pourvu d'une large ouverture ronde.

La fauvette, appelée fauvette couturière, prépare le lieu de son nid d'une façon originale. Après avoir troué avec son bec quelques feuilles, elle passe dans les minuscules ouvertures des fils d'ordre végétal ou animal. Dans cette alcôve, le nid sera dressé.

Ainsi l'habitat se montre par lui-même un signe relevant d'un type spécifique appartenant à une catégorie. Il en est de même pour les œufs. Les teintes et les coques mouchetées sont autant de signatures permettant de reconnaître leurs auteurs.

La saison de l'oiseau: le printemps

L'oiseau symbolise le printemps, c'est-à-dire la jeunesse, l'éclatement de la vie dans la nature.

Le monde est créé au printemps: *Die Welt ist im Frühling gemacht*, dira Angelus Silesius. « C'est au printemps que le monde se renouvelle et fut régénéré; aussi tu dis qu'il fut créé au printemps[17]. »

Création neuve à chaque printemps. Le jeune soleil

est le bien-aimé des êtres aériens. Durant la longue attente de l'hiver, les oiseaux doivent se poser la question avec Ramuz : *et si le soleil ne revenait pas*[18] ?

L'hiver est pour l'oiseau une épreuve cruelle. Il souffre du froid, du gel, de la neige, de la faim. Dans les campagnes, constamment menacés par les plombs des chasseurs, les perdrix, les ramiers, l'alouette elle-même traversent une période tragique. Même les passereaux ont peur. Les projectiles ne les visent point directement, mais ils perçoivent un bruit sec que l'écho prolonge. Les voici angoissés par les sifflements des tirs qui déchirent l'air, résonnent dans les forêts, les bois, les champs, les prés.

Dans ses *Mémoires intérieurs*, Mauriac fait allusion au vieux lièvre « tapi entre deux mottes... il écoute les abois qui s'éloignent, dans un sentiment de délivrance... s'il est capable de Dieu, il arrive que le gîte où il songe devienne le gîte où il prie[19] ». L'oiseau, guetté par les chasseurs, doit prier pour obtenir la grâce de vivre encore et de chanter. Le battement de ses ailes accompagne celui de son cœur et rythme sa perpétuelle oraison.

Quel est le contenu de cette oraison ? Rien d'autre qu'un état de confiance. Une absence de soucis. « Le devoir de l'imprévoyance », aurait dit Isabelle Rivière. L'oiseau n'a pas d'autre vertu et il l'enseigne aux hommes. Il crie d'épouvante. L'instant d'après, le danger passé, il n'y songe plus. L'oiseau vit dans l'instant. Il est perpétuellement neuf.

L'hiver, perché sur les branches d'arbres privés de feuilles, il est vu. Or il aime se cacher afin d'être protégé des regards et de l'agressivité des rapaces et des hommes. Lorsque les bourgeons éclatent, l'oiseau tressaille d'allégresse.

« Car voici que l'hiver est fini
La pluie a cessé, elle a disparu
Les fleurs ont paru sur la terre,
Le temps des chants est arrivé. »

Ce texte du Cantique des Cantiques (2,11-12) fait allusion au printemps. L'oiseau est amoureux du soleil, mais l'astre va et vient, se montre et se camoufle. Présent, son rayonnement chaleureux réchauffe les corps menus des volatiles après la froidure hivernale.

Le printemps est le temps des amours. L'oiseau se fiance et célèbre ses noces. Les nouveaux venus vont connaître la joie des épousailles, de la tendresse partagée.

Un miracle se produit et se renouvelle chaque année. La couleur des plumes du mâle s'avive, sa voix devient plus harmonieuse. Il lui faut séduire sa future partenaire, retenir son attention et provoquer son acquiescement.

À l'époque des parades précédant les fiançailles, le mâle se livre à des danses devant une femelle. Il tourne sur lui-même, virevolte à la façon d'une figurine de boîte à musique ; son amour colore ses plumes dans la lumière ; il étale ses ailes afin de les faire chatoyer. Telle une femme coquette, il déploie sa splendeur et ses charmes, sa séduction provoque les accordailles.

Les oiseaux peuvent être considérés comme des artistes pourvus d'un sens esthétique. Moins ornée, la femelle est plus silencieuse. Non sans malice, le poète grec Xénarchos dira que « les cigales vivent dans le bonheur, car leurs femmes sont sans voix ». Point de bavardages intempestifs. C'est à la femelle d'admirer le mâle, de l'écouter chanter et aussi s'exprimer par des sons musicaux. Il en est de même pour les grenouilles, seuls les mâles peuvent donner d'admirables concerts.

Toutefois, la femelle oiseau possède un répertoire vocal langagier. Elle pousse des cris d'alarme et de menace pour chasser les oiseaux pillards qui s'approchent de son nid. De forme plus menue, elle ne partage pas la beauté du plumage de son époux. Dans le monde ailé, le mâle l'emporte en splendeur sur la femelle.

Peu importe, le couple amoureux symbolise le renouveau printanier dans la joie d'exister, de chanter, de voler avec des énergies neuves exaltant le bonheur de vivre et d'aimer. Chants de résurrection magnifiant la sortie du tombeau hivernal.

Par ces cris de joie, les êtres aériens font surgir les sources. La beauté des sons encourage à pousser les herbes des prés. Les graines somnolaient dans l'ombre de la terre et soudain tout verdoie.

L'espace

L'espace de l'homme est restreint. Pour se déplacer, l'homme se trouve contraint de recourir à un moyen de locomotion motorisé ou encore, comme autrefois, à une monture : cheval, âne, mulet. Par sa nature, l'oiseau est voué à l'espace. Et quel espace ? Un espace dépourvu de chemin, un au-delà des formes que l'œil pourrait discerner. Symbole essentiellement subtil. L'oiseau enseigne la clé de l'existence, de la réalité la plus dense. Les chemins appartiennent au monde des formes. La conscience commune en éprouve la nécessité. L'évasion de l'omnitude correspond à une condition ailée. Celle-ci permet de pénétrer dans le sans-forme à la façon de la lumière, de l'air et du vent. Rilke le savait qui pouvait écrire :

> « *Où nul chemin n'était tracé*
> *nous avons volé.* »

Le dynamisme du sans-forme. Il conviendrait d'en avoir l'expérience pour en connaître la démesure : d'où la libération que procure l'au-delà des sentiers, l'ivresse de l'air plus dense que celle du vin !

L'avantage de l'oiseau sur l'homme et de ne pas se poser la question du savoir. Il ignore qu'il sait, mais il sait. Il participe à la « docte ignorance ». L'homme humble pourrait pénétrer dans cette zone du non-connu-connu. Sinon il s'égare. Lorsque l'au-delà des formes devient un accomplissement, l'homme est intérieurement guidé à la façon de l'oiseau.

Certaines espèces d'oiseaux volent en compagnie pour traverser des continents, des mers. Épuisés par la fatigue, quelques-uns périssent en cours de route. Les cadavres sont abandonnés à leur sort. La majorité des voyageurs, conduits par un instinct très sûr, se posent exactement sur un lieu choisi. La précision est aussi parfaite que celle d'un avion allant d'un point à un autre.

Ainsi l'oiseau apparaît semblable à un navire fendant non pas l'eau mais l'air ; il rame avec ses ailes. Poids léger avec ses os creux, il doit parfois lutter contre les vents contraires ; il sait se laisser porter par ceux qui le poussent vers son but. Ami de l'espace, ami du vent, indigène dans la dimension air, l'oiseau symbolise la vasteté. Et le paradoxe éclate : un corps menu, qui tiendrait souvent dans le creux de la main, boule d'énergie chantante qui célèbre sa joie, son plaisir et sa peur par des cris, des mélodies, des cantilènes ou encore qui se tient muet durant les saisons hivernales.

Encore une fois, l'oiseau explore l'air tel un bateau la mer. Que le lecteur ne dise point que l'étendue aérienne et les flots des océans dépourvus d'îles ne présentent rien de singulier. L'éther et les vagues sont visités par le vent. De même que l'eau est régie par un esprit particulier, l'air possède le sien. Il ne montre jamais son visage ni son regard. On peut se demander s'il possède des membres, des pieds et des mains. Qui n'a pas rêvé dans son enfance de traverser les nuages, de s'asseoir dessus et de rire lors des turbulences de ces masses grises et blanches ? Balancement. Le vent pousse le navire ou l'empêche d'avancer. La légèreté de l'oiseau épouse l'épaisseur ou la transparence du nuage. Ensemble, ils voguent puis se séparent. L'oiseau n'est plus qu'un point noir traversant les trous d'air, les pleins. De même que l'eau semble parfois se retenir de couler, le vent se replie, il suspend momentanément son souffle. Puis de nouveau il expire en redoublant de force. Lorsque le vent hurle, l'oiseau prend peur. Il voudrait, par ses cris, couvrir cette grande voix, comme si une clameur pouvait éteindre un feu. À d'autres moments, le vent berce l'oiseau, il caresse son plumage, tel le doigt d'une mère sur le corps de son enfant. « Berceau du vent », dira Shelley, dans l'*Epipsychidion*. Le vent chante une mélodie pour stimuler le parcours de l'oiseau. Parfois volatile et vent s'accompagnent, telle une partition jouée à quatre mains sur deux octaves.

L'espace comporte dans ses flancs la hauteur. Il invite à l'ascension et l'oiseau devient une « île suspendue ». Pour la distinguer, l'homme est invité à plier sa nuque afin de pouvoir élever son regard. L'espace distille la vie, source inépuisable. Impossible de s'enraciner dans l'espace, on le traverse sans laisser la moindre trace. Le sans-forme n'accepte rien de palpable, de visible. Tout se gomme. En volant, l'oiseau ne se retourne pas pour regarder le chemin parcouru. Devant lui, rien ne se découvre. Aucun obstacle ne saurait surgir. Cette absence d'obstacle se présente comme une invitation à la non-souffrance qu'apporte la libération.

Ici encore, la symbolique de l'oiseau parcourant l'espace devient enseignement: « La vie aérienne est la vie réelle; au contraire, la vie terrestre est une vie imaginaire, une vie fugitive et lointaine[20]. » Ainsi l'enracinement correspond à l'ignorance. Et le non-enracinement libérateur à la connaissance. Symboliquement, l'oiseau se nourrit d'air et aussi de lumière.

Au-delà des nuages, l'air ne dissimule rien. Il ne saurait cacher quelqu'un ou quelque chose. L'air est nudité la plus absolue. Évoquer, à son propos, une transparence serait inexact. On ne voit pas *à travers* l'air. L'œil perçoit immédiatement sans le moindre intermédiaire. Libérateur de tous les attachements, « l'air n'apporte *rien*. Il ne donne rien. Il est l'immense gloire d'un Rien. Mais *ne rien donner* n'est-il pas le plus grand des dons ? » écrit Bachelard. Et d'ajouter: « Le grand donateur aux mains vides nous débarrasse des désirs de la main tendue. Il nous habitue à ne rien recevoir, donc à tout prendre[21]. »

Tout prendre, parce que tout est à nous. Tout prendre, parce que tout engrangement est récusé. D'ailleurs, il se montre impossible. Ce qui est pris se trouve immédiatement absorbé à la façon de la lumière. L'air de l'altitude est sans odeur. Il ne s'agit pas d'un manque, d'une privation. Nietzsche l'a parfaitement compris. Tout parfum évoque un passé ou un avenir. Or la dimension air donne accès à l'instant, et seul l'instant est liberté.

Le vide conduit inexorablement vers la lumière. En effet, l'homme vidé de la pluralité de ses moi devient apte à recevoir cette lumière à laquelle Ruusbroec donne le nom de « simple lumière », lumière pure transfigurante. Le détachement de soi-même permet de se perdre dans la lumière.

> « *Si nous étions venus à cette clarté*
> *Devant sa face, vacants et libres*
> *de tout mode, de toutes choses*
> ...
> *Nous verrions la lumière dans la lumière*[22]. »

Ce propos d'Hadewijch convient, à la fois, aux oiseaux et aux hommes spirituels devenus des êtres de lumière.

La lumière

Dans l'espace, l'oiseau se nourrit d'air et de lumière. Dans cet océan de clarté, il rame avec ses ailes ou plane, tel un nageur faisant la planche, les bras étendus en forme de croix. Le soleil revêt l'oiseau et avive la teinte de ses plumes. Mises à part les espèces nocturnes, les oiseaux se tiennent la nuit en attente de l'aurore dont ils fêteront l'apparition par leurs chants. Leur existence est suspendue à la lumière. En sont-ils privés, les voici orphelins.

Hildegarde de Bingen fait allusion à « la voix de la lumière vivante » que le soleil symbolise. Le soleil ne parle pas, il s'exprime par sa clarté et la chaleur qu'il émet. Son rayonnement correspond à son langage.

Dans l'office liturgique quotidien, les moines suivent

le cours du soleil, depuis son lever jusqu'à son déclin. Les hymnes des « heures » s'y réfèrent.

> « *Que l'ombre cède à la lumière*
> *et la nuit à l'astre du jour* » (matines).

Les laudes remercient la nuit de s'éloigner afin de laisser la place à la clarté :

> « *Voici que de la nuit l'ombre se fait légère,*
> *et que flamboie la rutilante aurore.* »

La « splendeur lumineuse » sera louée à midi. L'angoisse n'est pas retenue lorsque le temps avance et que le jour décline. L'espérance s'accroche aux premières lueurs de l'aube qui surviendront en annonçant la gloire d'un nouveau jour. Déjà les vêpres y font allusion :

> « *De la lumière*
> ...
> *qui par les premiers rayons d'une lumière nouvelle*
>
> *prépare l'apparition du monde.* »

Le soir, les complies annoncent « la fin de la lumière » et la nécessité de la vigilance nocturne.

Le moine intériorise la lumière. Lorsqu'elle disparaît, il se tourne vers le soleil du dedans. Toutefois, la nature humaine ne connaît pas l'état d'une parfaite stabilité. La terre de l'homme tourne, c'est-à-dire que l'homme subit les alternances de la psyché lorsque son esprit, entouré de nuages, perd son acuité et son discernement.

L'oiseau extériorise ce que tout homme intériorisé, moine ou non, croyant ou incroyant, tente de vivre au-dedans. Toutefois l'oiseau possède l'ivresse du vol accompli dans la lumière. Il s'y baigne entièrement avec son corps et l'animation de celui-ci, c'est-à-dire son âme. D'une façon naturelle, il apparaît plus unifié que l'homme qui, semé « corps animal », ressuscite « pneuma » (I Co 15,44). Envisagée à sa fine pointe, la symbolique de l'oiseau apparente celui-ci à l'esprit. « L'enfant de lumière » est le nom qui convient à l'oiseau. Lorsqu'il vole dans le soleil, il apparaît semblable à une lampe allumée, à une étoile dansante éperdue de joie et de liberté. Étoile filante qui suscite les vœux de ceux qui le regardent et l'envient.

Toutes les fêtes liturgiques présentent un rapport avec le soleil et la lune. Pour l'oiseau, chaque jour de soleil possède sa propre festivité, il célèbre la lumière suivant son espèce.

D'après Montaigne, les différences entre les hommes sont plus grandes encore que chez les animaux. Les miaulements concernent tous les chats, mais les sons se montrent différents suivant ce qu'ils souhaitent exprimer et aussi d'après leurs races. Il en est ainsi pour les chiens, les moutons, les bovins, etc. Or chaque espèce d'oiseau possède un timbre de voix particulier et un chant différent. Les jours de printemps, les uns et les autres peuvent donner des concerts dans lesquels il est aisé de reconnaître les noms des chanteurs, à la façon dont on pourrait distinguer la harpe, la flûte, le violon, le hautbois. Posé sur une branche, l'oiseau étale de temps à autre ses ailes dans le soleil. Toutefois la chaleur extrême le rend muet. À de tels moments, il cherche l'ombre d'un feuillage qui lui sert de parasol. En raison des protections qu'il trouve dans la nature, l'oiseau n'est jamais brûlé par le feu de l'été. Mais il pourrait mourir de froid. Et cela d'autant plus que le gel et la neige l'empêchent de trouver sa nourriture.

L'oiseau possède le sens de la vie et de la mort. *Les*

oiseaux se cachent pour mourir, tel est le titre donné par le traducteur J. Hall au roman américain de Colleen Mc Cullough : *The Thorn Birds*[23]. Tout animal se dissimule lorsqu'il éprouve d'une façon certaine la proximité de son décès. Pour lui, la mort doit se vivre dans la solitude. L'exposer au regard d'autrui serait une forme d'impudeur. La mort affecte uniquement une forme passagère, un revêtement. Seul l'homme angoissé cherche du secours à l'extérieur. L'animal n'en sollicite point.

De nombreuses légendes font allusion à la présence d'un ou de plusieurs petits oiseaux perchés sur une fenêtre s'ouvrant sur une chambre où un homme agonise. Leur mélodie peut aider le mourant. Dans ses *Carnets*, Léonard de Vinci rapporte une coutume décrite dans différents bestiaires. L'alouette, l'oiseau du soleil, mise en présence d'un malade, réagit de deux façons différentes. Est-il en danger de mort, elle détourne la tête et tente de fuir. En revanche, si le malade doit recouvrer la santé, elle le regarde, le fixe durablement, et la guérison s'amorce aussitôt[24].

L'oiseau accomplit une fonction angélique. Celle d'attendre le trépas pour entourer l'esprit et le guider vers sa nouvelle demeure. L'ange est-il venu trop tôt, il abandonne en cadeau une paire d'yeux au malade qui deviendra désormais un « voyant » capable de franchir les limites du dehors en faveur de la vision du dedans. L'oiseau qui chante sur le bord de la fenêtre d'un moribond l'aide dans l'accomplissement de son passage. Son chant lui procure la nostalgie du céleste. Le voici déjà indigène dans l'éternité.

Fils de la lumière, l'oiseau est relié par une fraternelle tendresse aux hommes de lumière, il s'en approche sans la moindre crainte. Les biographies d'ermites, concernant spécialement les moines orientaux, sont remplies d'anecdotes au sujet des contacts amicaux entre les solitaires et les oiseaux. Une parenté secrète s'établit entre eux du fait de la lumière dont ils sont les porteurs. Un lien subtil les unit: oiseau et homme n'attribuent pas à eux-mêmes la présence de la lumière. Celle-ci les habite et ils en sont le réceptacle. L'oiseau peut prendre son vol car il n'est pas enraciné à la façon d'une plante. Tel l'animal, l'homme se déplace, mais il risque d'être attaché à la condition terrestre. Seul l'individu amoureux de la lumière, en qui le soleil s'est levé, en devient le parfait bénéficiaire.

C'est ici qu'une différence surgit entre l'oiseau et l'homme. Pour l'oiseau, la lumière se révèle indispensable. Son absence lui apparaît cruelle. La lumière porteuse de joie est pour lui source de béatitude. Du fait de son insertion dans le cosmos, il en éprouve la nécessité comme la fleur, le fruit. La lumière remplit à la fois le rôle du père et de la mère. Elle provoque l'engendrement, couve à sa manière, réchauffe et mène à bien le mûrissement; elle dore les visages des fruits en laissant sur leur peau un hâle coloré.

L'homme ne saurait échapper à la dimension cosmique. Une vocation acosmique serait illusoire et dangereuse. Toutefois, il peut arriver pour lui un instant où il n'éprouve plus la nécessité de la lumière extérieure: la nuit est pour lui lumineuse. La nuit devient lumière (Ps 139,11), car la lune faite pour marquer le temps (Ps 104,19) s'est muée en soleil (Is 30,26). Cette mutation appartient à la terre transfigurée, à la *terra lucida*. Le souhait exprimé par Paul aux Éphésiens (5,8), « marchez comme des enfants de lumière », pourrait s'adresser aux oiseaux: « Volez comme des enfants de lumière. »

D'après Plotin, l'être devient ce qu'il contemple. Ainsi, la vision de la lumière rend lumineux. La lumière sensible et la lumière spirituelle peuvent collaborer. L'une symbolise l'autre. Or tout symbole formule une invitation à l'égard d'une réalité qu'il s'agit d'atteindre. Celle-ci se dissimule par compassion pour celui qui voudrait l'appréhender et qui est encore incapable de la saisir. La « lumière vivante » s'entoure d'une nuée pour restreindre son éclat.

Les chants des oiseaux, magnifiant la lumière solaire, sont perçus par tous, mais peu d'hommes apparaissent capables de les interpréter. Hildegarde de Bingen parle dans ses visions du chant des créatures, de leur jubilation. Nectaire d'Egine (1846-1920) obtint, pour des religieuses qui en avaient exprimé le souhait, de percevoir le chant de lumière des créatures. Ces femmes furent ainsi momentanément introduites dans un monde transfiguré[25]. Cette jubilation appartient à toute la création, les oiseaux en sont par excellence les meilleurs interprètes.

La liberté

L'oiseau magnifie la liberté. Et c'est là son symbole essentiel. Grâce à ses ailes, il prend son vol et se déplace à son gré. Il ne dépend d'aucune autorité, d'aucun système ou parti. L'oiseau vivant en groupe, s'insérant dans une compagnie, obéit à des lois. Il peut les enfreindre suivant ses options. Un tel choix lui sera peut-être dommageable. Il doit en assumer les conséquences. L'âme de l'oiseau n'est pas orientée vers les diverses formes d'esclavage. Être prisonnier dans une cage est pour lui une forme atroce d'existence, à moins qu'il ne fasse partie d'une espèce domestiquée par l'homme et de ce fait impropre à la plénitude de la liberté.

De temps à autre, l'oiseau se pose sur le sol. L'instant suivant, il reprendra son vol. Nulle attache ne le retient en dehors de l'élevage de ses enfants dont il doit assurer l'alimentation. Dès que les ailes des oisillons sont pourvues de plumes, les voici capables de se suffire. Aussitôt le nid se vide de ses occupants.

Aucune patrie ne retient les êtres aériens. Ceux-ci peuvent changer de lieux d'habitation, trouver un endroit plus propice pour se cacher et se nourrir. Toutefois, au moment des nids, ils possèdent un territoire dont il leur faut revendiquer l'usage exclusif à l'égard des intrus. Lorsqu'ils volent, l'espace constitue la demeure de l'oiseau. Espace infini, privé d'enceinte, de frontières. Point de douanier pour vérifier son appartenance et sa race. L'oiseau sauvage est un nomade. Celui-ci possède des privilèges que le sédentaire ne saurait partager.

Il est intéressant de noter que, dans la Genèse, le verbe « créer » est employé à l'égard des poissons, des oiseaux et de l'homme, c'est-à-dire à propos des créatures libres de se mouvoir dans l'eau, dans l'air et sur la terre.

Les ailes remplissent la fonction des bateaux, des trains ; et l'avion n'a fait que les copier. Les volatiles ne sont soumis à aucun horaire sinon par la lumière ; en apparaissant, elle envoie au repos les nocturnes, tandis que le jour éveille la foule des diurnes : ils saluent l'aurore « aux doigts de rose », suivant l'expression d'Homère, et la nuit provoque leur sommeil et leurs rêves. Entre ces deux extrêmes, ils vont et viennent. Ils se transforment en voyageurs et en pèlerins. Sous leurs ailes, les villages, les villes, les agglomérations avec leurs habitants, les champs, les prés.

Leur liberté apparaît constamment menacée. Les

griffes d'un chat déchirent leur chair, les pièges les retiennent, les rapaces les guettent. Hélas, l'oiseau risque d'être piégé par l'homme. Il suffira d'un gamin répandant de la glu pour coller leurs pattes ou leurs plumes. Les tenant entre ses mains, l'enfant pourra, dans un geste pervers, briser leurs ailes et parfois achever les volatiles à coups de bâton.

L'homme jeune ou adulte serait-il l'ennemi de l'oiseau ? Par jalousie, peut-être par envie, ou encore par sottise et cruauté. Seul l'ami de la liberté apparaît apte à comprendre l'importance de l'oiseau ailé.

Cette liberté, dont jouissent les êtres aériens, n'est pas à confondre avec l'indépendance. L'homme capable de récuser, durant son existence, les divers esclavages choisira pour modèle l'oiseau qui assume son autonomie, se prend en charge et présente de ce fait une totalité, une unité parfaite.

Durant son existence, l'oiseau apparaît guidé par son amour de la liberté. Liberté toujours en péril jusqu'à son trépas. Mais l'oiseau ne se montre jamais négatif. Certes, l'angoisse l'habite. C'est pourquoi il se tient toujours dans un état de veille et de vigilance. La finesse de son ouïe et de son regard l'avertit des dangers. Ivre de liberté, il vole et chante tandis que les rampants s'étonnent et voudraient l'imiter. La liberté accompagne la légèreté que la pesanteur récuse. L'oiseau imite le vent qui « souffle où il veut » (Jn 3,8). Tel un navire brisant les eaux avec sa proue, tout en étant porté par elles, l'oiseau fend le vent qui devient sa monture, dont il est le cavalier.

Liberté refusant l'horizontale pour épouser les énergies verticalisantes : l'ascension.

L'oiseau-Esprit

À l'oiseau qui plane sur le Chaos, à l'origine du monde, correspond l'oiseau-Esprit qui se tient au-dessus du chaos humain afin de lui conférer une forme. Il ne s'agit pas d'une re-formation unilatérale, elle est individuelle. L'animation par l'Esprit exige une adhésion personnelle, le choix d'une réponse positive exprimée dans la liberté.

Une formation nouvelle succède à la première création. Le vieil homme s'éclipse au profit de l'homme nouveau. Jean Baptiste fait allusion à l'oiseau-Esprit: « J'ai vu l'Esprit descendre du ciel comme une colombe » (Jn 1,32). Toujours au baptême de Jésus, donné par Jean Baptiste, Matthieu (3,16) mentionne la présence d'une colombe (Mt 3,16). Dans la Genèse (8,11), la colombe lâchée de l'Arche par Noé, ne concerne pas l'Esprit mais un oiseau qui devient un agent de renseignement. Un langage amoureux d'une extrême douceur s'exprime par l'expression « les yeux de colombe » du Cantique des Cantiques (1,15). En faisant allusion aux ailes de la colombe (55,7), le Psalmiste (55,7) présente un symbole d'évasion: fuite du terrestre vers le céleste. Les gémissements de la colombe, dont parle Isaïe (38,14), signifient la nostalgie d'un ailleurs. La colombe de Jérémie (48,28) marque sa préférence pour le refuge dans les rochers sauvages plutôt que dans les villes orgueilleuses. Le prophète conseille de l'imiter: Matthieu offre la colombe en tant que modèle, du fait de sa parfaite simplicité (10,16). Cette simplicité s'oppose à la perversité. Le cœur simple est un cœur unifié. Divisé, il devient la proie des complications, fruits de l'écartèlement.

Vivre selon la chair se réfère à l'animal rampant. Vivre selon l'esprit correspond au vol. Au niveau symbolique, il s'agit donc du passage du terrestre au céleste. Entre les deux états, l'exode. D'un côté l'exil; de l'autre, le retour à l'origine. Entre le point de départ et celui de l'arrivée: un voyage. Celui-ci comporte l'apprentissage du vol.

Ainsi, le symbole de l'oiseau se présente avec une incomparable magnificence. Quant à son chant, il signifie le cantique nouveau auquel fait allusion le Psalmiste, en disant: « Il a mis dans ma bouche un cantique nouveau » (40,4); « ô Dieu je te chanterai un cantique nouveau » (144,9). Pour l'homme, le passage du serpent à l'oiseau signifie l'accès à une nouveauté de vie.

> « *...ceux qui se confient en l'Éternel renouvellent leurs forces.*
> *Ils élevèrent leur vol comme les aigles.* »

écrit le prophète Isaïe (40,31). Et il ajoute:

> « *Quels sont ceux qui volent comme des nuées,*
> *comme des colombes vers leur colombier?* » (60,8).

L'homme, qui passe de la dimension rampante à l'état aérien, risque de devenir la risée d'autrui. On se moque volontiers de ce qui échappe à la compréhension ordinaire. D'où la solitude à laquelle l'homme-oiseau se trouve convié. Cependant, il n'est pas isolé. Grâce à l'acquisition d'une nouvelle conscience cosmique, il entre en contact avec la création. Job (12,7-8) l'innocent, incompris par ses pseudo-consolateurs, conseille:

> « *...interroge les animaux, et ils t'instruiront,*

les oiseaux du ciel, et ils t'apprendront;
ou bien parle à la terre, et elle t'enseignera. »

Ainsi, l'homme-oiseau devient le frère de toutes les créatures. Il les contemple avec un regard neuf et peut communiquer avec elles. Par son vol, l'oiseau prend une distance à l'égard du sol; il s'en éloigne. L'homme devenu pneumatique (pneuma=esprit) échappe aux réactions de l'homme terrestre: il voit. Et cette vision ne suscite en lui aucun jugement concernant une distinction entre les contraires: bien et mal. L'unité se situe au-delà.

Deuxième partie

DIVERSITÉ DES OISEAUX

L'alouette. – La colombe. – Le coucou. – L'hirondelle. – La huppe. – Le merle. – La mésange. – Le moineau. – Le paon. – Le pélican. – Le rossignol. – Les oiseaux mal aimés : la pie ; le corbeau ; la chouette. – La cigogne. – L'orfraie. – Les oiseaux fabuleux : le phénix ; l'oiseau de paradis ; la sîmorgh.

« Les oiseaux, c'est le contraire du Temps ; c'est notre désir de lumière, d'étoiles, d'arcs-en-ciel ; et de jubilantes vocalises. »

Olivier MESSIAEN.

DANS ces pages, quelques types d'oiseaux seront présentés. Leur choix peut sembler arbitraire. L'option tient compte des diverses originalités. Elle concerne surtout les espèces qui nous sont familières, que nous pouvons aisément rencontrer dans les grandes villes, les jardins et à la campagne. Il est aussi tenu compte des héros et des victimes des légendes, et plus encore des oiseaux fabuleux. En Occident, par ignorance et manque de discernement, certains oiseaux sont récusés. En Asie, l'oiseau est souvent aimé avec une plus grande tendresse. Qu'ils appartiennent à l'Occident ou à l'Orient, les amants des mystères les chérissent et savent déchiffrer leurs signes et leurs symboles.

On aimerait voir apparaître un temps où les chasseurs cesseront de s'attaquer aux oiseaux innocents, tandis que les jeunes garçons n'auront plus le goût de détruire les nids et d'étrangler les oisillons. Le respect de la vie s'instaure dans la mesure où l'être humain possède le sens de la nature, non seulement de sa beauté mais de sa splendeur !

Parfois, les amis des oiseaux, souhaitant établir avec eux une véritable intimité, s'emparent des petits lorsqu'ils sont encore dans leurs nids, les nourrissent et les élèvent. Ainsi les volatiles, même les oiseaux de proie, peuvent devenir familiers. Après les avoir maintenus dans des volières, ils les relâchent dans la nature. Certains, séduits par la liberté, prendront leur essor d'une façon définitive. D'autres seront rejetés par leurs congénères. Quelques-uns, faute d'avoir appris de leurs parents à chercher leur nourriture et acquis leur autonomie, reviendront volontiers vers leurs cages pour y trouver leurs repas. Ces oiseaux perdent leur propre vocation. Sauvage par nature, l'oiseau n'a pas à être domestiqué, à moins qu'il ne choisisse par lui-même cette forme de captivité.

Rigoureusement différent, un contact peut s'établir entre l'oiseau et l'homme unifié. Il s'agit de liens amicaux qui n'entament en aucune façon l'indépendance de l'oiseau. C'est lui qui choisit de s'approcher de l'homme sans perdre pour autant la plénitude de sa liberté.

Aucun grand couturier ne pourrait rivaliser avec les couleurs des merveilleux plumages d'oiseaux. Les exhibitions de modes présentent, à chaque saison, des formes et des coloris parfois étranges. On se demande comment des jeunes femmes peuvent accepter d'être « affublées » d'une façon si grotesque ! Dans certains cas, on a lieu de s'extasier. Dans d'autres, le manque d'harmonie laisse pantois !

Un défilé d'oiseaux susciterait l'émerveillement. Rien de sophistiqué. Une grâce naturelle à laquelle s'ajoute une parfaite simplicité. Encolure proportionnée, pattes d'une extrême finesse, coupes harmonieuses de la longueur des plumes. Le bibi est avantageusement remplacé par une aigrette, une huppe ou une petite crête cocasse. L'alouette des champs porte un discret plumet sur la nuque, chez le cochevis, il est plus accentué : souple, il s'abaisse ou se dresse. Le roitelet mâle (triple bandeau) a sur la tête une calotte rouge orangé, une semblable couleur s'étend sur ses épaules. La coloration de la tête apparaît moins vive chez la femelle, l'orange est remplacé par le jaune.

La couleur des visages possède son originalité. La mésange rémiz, mâle ou femelle, a l'œil entouré d'un ornement sombre mettant en valeur le gris-blanc de sa tête. Le merle mâle porte un bec jaune, un cercle d'une couleur identique entoure son œil. Son habit noir très distingué lui donne beaucoup d'allure. Certains types de bergeronnettes présentent un sourcil blanc. Les pies mâle et femelle confondus ne sont pas appréciées à leur juste valeur. On oublie volontiers que le noir et le blanc dont elles sont revêtues, plastron blanc commençant assez bas, bordure des épaules d'une couleur identique, sont autant de vêtements de cérémonie qu'elles détiennent allégrement. Le corbeau freux – confondu le plus souvent avec la corneille – est revêtu d'un plumage d'un noir brillant, bleuté et parfois évoquant le violet. L'âge du corbeau apparaît visible à l'œil nu. L'oiseau a l'avantage de ne porter aucune ride. À la racine du bec, le duvet disparaît. D'où la couleur blanchâtre soulignant sa longévité.

Robes blanches immaculées des colombes, claires ou grises des tourterelles, noir étincelant des geais. Les fauvettes des bois et des jardins ont le plus souvent la tête revêtue d'une courte mantille noire. La fauvette mâle est un merveilleux chanteur. Il n'éprouve nul besoin de se signaler par les couleurs de son costume. Celles-ci sont sobres. Le dos accuse un brun grisâtre, tandis que les épaules sont nettement grises. Les femelles apparaissent avec un dos plus brun que leurs époux et une couleur jaune accentuée sur leurs flancs. D'une façon générale, à propos des vêtements, les oisillons ressemblent davantage à leur mère qu'à leur père. Une certaine féminité à l'égard des couleurs baigne leur enfance. La bure de l'alouette des champs ressemble à une robe monastique d'un gris brunâtre. Le roitelet a le dos vert olive et le ventre plus pâle, blanc verdâtre. Ses ailes d'un noir tirant sur le brun sont ornées de bandes blanches à la fois verticales et horizontales. La femelle se distingue nettement du mâle avec le sommet de sa tête jaune clair tandis que pour son époux le jaune est orangé et bordé de noir.

Il existe une correspondance entre les oiseaux, les papillons et les fleurs. Certes les fleurs demeurent immobiles mais leurs couleurs répondent aux variétés des plumes des oiseaux. Leur parfum est un langage que le vent transporte de la même manière qu'il véhicule les chants des oiseaux. De nombreux papillons de jour possèdent des ailes merveilleuses entourant un corps filiforme ; ceux de la nuit sont brunâtres et parfois noirs. Les superstitieux accordent une crainte identique au fait de rencontrer des papillons nocturnes, ou d'entendre les cris des oiseaux s'exprimant dans l'obscurité.

La sagesse de la nature tend à maintenir d'une façon identique la population des oiseaux. Il en est ainsi d'ailleurs pour tous les animaux sauvages. Si la mortalité est grande chez les oiseaux sédentaires, lors des hivers particulièrement rigoureux, la natalité augmente au printemps. Ainsi les décès sont compensés par les naissances. Cependant, de nombreux oisillons meurent avant de parvenir à l'état adulte. Tant que le petit est impropre au vol, les dangers le guettent. Tomber du nid est l'accident le plus fréquent. Aux calamités infligées par les intempéries, s'ajoute le problème de la nourriture empoisonnée en raison des insecticides et des engrais chimiques. L'homme a introduit un désordre dans la nature, celui-ci apparaît irrémédiable. Les insectes étant rares, les volatiles manquent de nourriture. La pollution des eaux est aussi un facteur de déséquilibre. Les « marées noires » qui se répètent ici et là provoquent la disparition des oiseaux aquatiques. Elles nuisent aussi aux migrations saisonnières.

L'origine des fléaux est ici imputable à l'homme. En s'introduisant dans la nature, il en modifie le rythme, le perturbe et brise son équilibre. L'*anima mundi* ne se venge pas. En effet, la vengeance est humaine, mais elle réagit par instinct de conservation. Agressé par l'homme, l'oiseau en devient l'innocente victime. Quelques espèces de plus en plus menacées sont condamnées à disparaître. Il en est ainsi pour certains oiseaux de proie, le faucon crécerellette et aussi pour les busards. Des rapaces ont été importés dans plusieurs régions. Les réussites sont incontestables, toutefois le succès de l'opération n'est pas toujours probant. Lorsque les nids sont au sol, il arrive aux petits d'être fauchés par les moissonneuses.

Parmi les oiseaux, il convient de distinguer les sédentaires des migrateurs, les communautaires des solitaires. Ces caractéristiques se retrouvent chez tous les animaux sauvages. La collectivité se montre protectrice, elle favorise l'âme-groupe et répond à un instinct grégaire que nombre d'hommes partagent. Se percher les uns à côté des autres, telles les hirondelles, gîter dans des arbres voisins, partir le matin pour se ravitailler et revenir le soir à la façon des corbeaux, est significatif. En dehors de ces sociétés minuscules, les jeunes oiseaux vivent en célibataire avant le printemps. Puis ils se mettent en ménage. Pour nourrir leurs petits, il importe, le plus souvent, d'aller chercher très loin la nourriture. Les parents mènent une vie épuisante pour répondre à la faim de leurs oisillons.

Non seulement l'originalité des oiseaux s'étend à la particularité des chants et aux divers plumages, mais elle comporte aussi la construction des nids. Ceux-ci varient suivant les espèces.

Le nid se présente à la façon d'une demeure répondant à un style spécifiquement conçu. Le mâle et souvent la femelle sont non seulement des architectes mais de merveilleux artistes. Au choix des brindilles, de la mousse, des feuilles, des herbes, s'ajoute leur entrelacement. Celui-ci répond au projet de la forme. La porte d'entrée – et de sortie – correspond à chaque espèce. L'oiseau n'hésite pas. Il conçoit son modèle et l'exécute sans la moindre fantaisie. Ainsi l'habitat se révèle par lui-même un signe symbolique relevant d'un type spécifique appartenant à une espèce.

Certains oiseaux arboricoles, vivant en Asie et en Afrique, emmurent leur épouse durant la période de couvaison. L'emprisonnement peut durer plusieurs semaines. Dans l'obscurité, la femelle perd les plumes ornant sa queue et ses ailes. Le vol lui devient momentanément impossible. Avec fidélité,le mâle apporte la nourriture quotidienne. La communication s'établit par une ouverture minuscule permettant aussi l'aération du nid. On peut espérer que la maman oiseau ne devient pas dépressive durant cette période où elle est privée à la fois de liberté et de lumière.

L'alouette

Ce petit oiseau « si pauvrement vêtu, mais si riche de cœur et de chant » selon Michelet est amoureux du soleil, il en est le chantre. « L'alouette vit au ciel, et c'est le seul oiseau du ciel qui chante jusqu'à nous », écrira Pétrus Borel, dans *Madame Putiphar*. Son symbole, celui de l'infini ! À cet intemporel, Bachelard se réfère lorsqu'il écrit : « Dans tous les accents de son chant retentit une tonalité de transcendance. » L'écrivain se pose une question : « Pourquoi une *verticale du chant* a-t-elle une si grande puissance sur l'âme humaine ? Comment peut-on en recevoir une si grande joie, une si grande espérance ? C'est, peut-être, parce que ce chant est à la fois vif et mystérieux[1]. »

Le chant de l'alouette s'adresse au point d'éternité que l'homme possède dans le secret, le plus souvent sans en avoir la moindre conscience. Les sons émis par l'alouette font résonner ce grain de sénevé, de moutarde, de millet en tant que germe de béatitude sur lequel le temps ne saurait exercer la moindre prise.

Le minuscule corps de l'alouette devient semblable à celui d'un violon. Il résonne. En écoutant l'oiseau, l'homme tressaille. Le voici atteint dans son mystère, il n'est plus seul ; son isolement est brisé. Désormais, il sait qu'il a un ami, un compagnon d'éternité. Grâce à cet oiseau, il reçoit une révélation soudaine concernant son destin d'homme. L'alouette célèbre la présence du soleil, sa lumière, sa chaleur. L'homme possède un soleil au-dedans. Qu'il se tourne amoureusement vers lui, celui-ci s'élève dans le ciel du dedans. « J'éveillerai l'aurore », dit le Psalmiste (57,9). L'amour provoque le resplendissement d'un jour constamment nouveau.

L'alouette incarne le bonheur d'aimer. Elle ne se demande point si le soleil lui rend sa tendresse. Détachée d'elle-même, libre de tout retour de son propre amour, elle se réjouit d'aimer. D'où sa joie, sa liberté. Son chant engendre une béance, une nostalgie d'un ailleurs, d'un âge d'or où tout serait lumière, amour, jubilation.

Son nid ne se perche pas à l'angle d'une branche bifurquant du tronc d'un arbre. Posé sur le sol dans un pré, dans un champ, ou à l'orée d'un bois, largement ouvert, il semble à peine dissimulé. C'est après avoir habité dans les montagnes et les bois que l'alouette a changé de domicile. Il n'est pas difficile de la trouver. William Blake, qui savait découvrir « un monde dans un grain de sable », écrira à propos de l'alouette :

« Sa petite gorge travaille sous l'inspiration ; chaque plume
De sa gorge, de sa poitrine et de ses ailes vibre de l'effluence divine.
Toute la Nature l'écoute en silence, et le redoutable soleil
Reste immobile sur la montagne, regardant ce petit oiseau
Avec tendre émerveillement et humilité, avec amour et vénération[2]. »

L'interprète, Kathleen Raine, d'ajouter : « Ce n'est pas l'oiseau qui regarde le soleil, c'est le soleil qui regarde l'oiseau avec « respect » ; car l'« effluence divine » ne vient pas de l'espace ni de la taille, mais de l'infini du dedans[3]. »

Malheureusement, il existe des tueurs d'alouettes, des fabricants de pâtés et des mangeurs de chants ! Ce mets très fin fait partie d'un luxe gastronomique scandaleux. Ceux qui aiment la musicalité des trilles de la mélodie de l'alouette, son allégresse teintée de mélancolie, s'attristent d'une telle méconnaissance.

La colombe

Le culte de cet oiseau est particulièrement en faveur dans la tradition grecque. La colombe est présente sur les autels, les colonnes, dans l'ornementation. Posée sur la tête d'une déesse, elle indique une parenté divine. Sa signification est double : elle symbolise à la fois l'amour fidèle et aussi la présence terrestre de la divinité.

De nombreuses légendes véhiculent cet oiseau réputé pour sa tendresse, sa douceur et sa bienveillance. À l'instant de leur mort, des reines, telle Sémiramis, se transforment en colombe et s'envolent. Il en sera de même pour les filles d'Anius, roi de Délos. Des femmes en péril échappent à leurs assaillants en se métamorphosant en colombes. Cet oiseau, jugé prophétique, participait aux oracles rendus d'un chêne sacré dédié à Zeus dans la forêt de Dodone. En alchimie, la colombe était évoquée lorsque l'œuvre virait au blanc. D'où le rôle éminent de la colombe que l'on perçoit aussi dans les autres traditions.

Dans la Bible, la colombe est citée dans la Genèse,le Cantique des Cantiques et les Prophètes. Le Psalmiste évoque les « ailes de la colombe (55,7), et l'époux du Cantique « ses yeux » :

> « *Oui, tu es belle mon amie...*
> *Tes yeux sont des yeux de colombe* » (1,15).
> ...
> « *des yeux de colombe derrière ton voile* » (4,1).

À son tour, l'épouse va chanter la beauté des yeux de son bien-aimé :

> « *Ses yeux sont comme des colombes au bord des ruisseaux* » (5,12).

Isaïe rappelle son propre gémissement qu'il compare à celui de la colombe (38,14), Jérémie y fait allusion et Ezéchiel parle des colombes des vallées (7,16) (la vallée symbolisant l'humilité).

Dans le Nouveau Testament, Matthieu relate le baptême du Christ et l'apparition de l'Esprit de Dieu descendu comme une colombe (3,16) ; le même apôtre recommande d'imiter la simplicité de cet oiseau (10,16). Parlant de Jean Baptiste, l'apôtre Jean relate, à propos du baptême de Jésus : « J'ai vu l'Esprit descendre du ciel comme une colombe, et il s'est reposé sur lui. Et moi je ne le connaissais pas ; mais Celui qui m'a envoyé baptiser m'a dit : « Celui sur qui tu verras l'Esprit descendre et se reposer, c'est lui qui baptisera dans l'Esprit » (1,32-34).

Ainsi il convient de distinguer le baptême d'eau, conféré par Jean-Baptiste, du baptême par l'Esprit que donne Jésus. L'intervention du Saint-Esprit, sous la forme d'une colombe, sera commentée par les écrivains et exploitée par les sculpteurs. Symboliquement la colombe évoque la présence de l'Esprit et son inspiration. Elle remplit un rôle spirituel : elle féconde, engendre, porte et transmet la semence divine. On verra la colombe planant près de l'oreille de la Vierge dans des représentations du mystère de l'Annonciation. Se tient-elle au-dessus d'un visage, elle en souligne la sainteté. On la trouve proche de Grégoire le Grand lorsque celui-ci compose les mélodies grégoriennes. Elle se tient aussi près des écrivains sacrés pour signifier l'inspiration qui les visite. Sept colombes signifient les sept dons de l'Esprit. Elles sont souvent nimbées. Parfois, l'oiseau est perché sur une croix. Non seulement la colombe évoque l'Esprit-Saint mais elle représente aussi le Christ apportant aux hommes la réconciliation et la paix signe de la présence de l'Esprit-Saint. La colombe figurait souvent sur les lampes utilisées dans les sanctuaires chrétiens. Elle représentait le Christ répandant sur le monde la lumière. La colombe devient le signe de la trinité et de son mystère.

Pendant longtemps, on a cru que la colombe était dépourvue de fiel, d'où la pureté de sa chair et son extrême douceur. Saint Cyprien, dans son *Traité de l'unité de l'Église*, explique la présence du Saint-Esprit, sous la forme d'une colombe, en insistant sur la gaieté de l'oiseau grâce à son absence de fiel.

À l'époque médiévale, les différentes parties du corps de la colombe sont interprétées d'une façon symbolique. Ses deux ailes correspondent à l'action et à la contemplation, leur nécessaire relation assure l'équilibre de l'existence. Ses yeux ont la couleur de l'or, c'est-à-dire des fruits mûrs. Quant à ses pattes rouges, elles évoquent par leur couleur le sang des martyrs.

Dans le récit du Déluge, le rameau d'olivier rapporté dans son bec, par la colombe, signifie pour Noé le retrait des eaux et la végétation. De l'olivier provient l'huile réputée pour son caractère lénifiant. Ainsi la colombe, tenant un rameau d'olivier, devient un signe de paix, de calme, de bonne entente. Cette caractéristique passera du sacré au monde profane. Elle possède aujourd'hui une signification d'une très grande ampleur.

Non seulement la colombe est un signe de paix, mais elle confère une forme au chaos. Après avoir plané sur les eaux primordiales, lors de la création du monde, l'oiseau mystérieux provoque l'animation du germe divin dans l'homme. Celui-ci sort de son propre chaos. Après avoir été animal et psychique, il peut devenir pneumatique, esprit. Une purification s'opère : la dimension divine germe et traverse des croissances successives. La parenté de l'homme avec le divin s'affirme : l'homme devient semblable à la colombe signifiant la présence de l'Esprit.

Ainsi le christianisme a hérité de l'Antiquité. Ce legs, il le fait croître et lui ajoute une dimension nouvelle. Il ne s'agit pas de célébrer l'importance de la royauté humaine mais la splendeur de la royauté divine. Une colombe ne surgit plus lors des décès des reines, mais à l'instant de la mort des martyrs, tels Polycarpe et Eulalie. D'une blancheur de neige, l'oiseau s'envole vers le ciel. De même, saint Benoît apprend le décès de sa sœur sainte Scholastique, en apercevant une colombe qui s'élève dans les nuées. Lorsque l'âme du saint quitte la dimension terrestre, on peut voir, dans certains cas, une colombe sortir de sa bouche.

Grégoire de Nysse insistera sur la beauté de la colombe. L'âme acquiert la pureté de son cœur, le discernement de son regard et son amour pour la lumière. Se diriger de clarté en clarté signifie se muer de colombe en colombe. Beauté, lumière, colombe coïncident. La colombe devient ainsi un oiseau illuminé par la clarté divine[4].

Dans l'art chrétien,la colombe se tient sur les fonts baptismaux. Elle s'abreuve à des coupes contenant de l'eau vive, elle est parfois présente sur les monuments funéraires. En symbolisant la pureté métaphysique, elle souligne l'importance de la chasteté du cœur et de l'intelligence. C'est pourquoi le titre de « colombe » est donné à la Vierge Marie. Orienté vers le divin, l'homme spiritualisé éprouve un amour exclusif pour la Déité. Dans la lumière de cet amour, il aime les créatures et devient une colombe parfaite.

Dans un manuscrit d'Herrade de Landsberg († 1195), *Hortus deliciarum*, la colombe figurant l'Esprit-Saint est pourvue d'ailes aux épaules, à la tête et aux pattes. Une miniature de l'*Hortus deliciarum* oppose l'Esprit-Saint à un oiseau noir. Au-dessus de l'épaule d'un poète, un oiseau noir efflanqué allonge son cou pour souffler à l'oreille de sa victime des pensées profanes.

Le coucou

Suivant une légende appartenant à l'Antiquité, le coucou évoque Héra-Junon : il aimait se blottir entre les seins de la déesse grecque, fille de Cronos et de Rhéa, qui devint la troisième épouse de Zeus.

Le coucou n'échappe pas aux propos médisants. On a coutume de dire que trop paresseuse pour construire une demeure pour sa progéniture, la femelle pond ses œufs dans le nid d'un couple d'une autre race. Plus encore, le coucou détruirait un œuf en le lançant par-dessus bord, avant d'y déposer le sien. Un tel procédé visant à la destruction ne semble pas gêner sa conscience.

Il ne conviendrait pas de prêter un goût de la mathématique ou le sens de la numérologie au propriétaire, mais simplement de ne pas surcharger l'habitat des futurs oisillons. D'un format réduit, la nursery ne saurait s'encombrer !

Cette nidification parasitaire n'est pas le fait de tous les coucous, mais du plus grand nombre. D'autres espèces, tels les étourneaux, partagent cet abandon d'enfants en les confiant à autrui. Comment ne pas louer l'instinct maternel et paternel du couple devenu adoptif contre son gré, où mâle et femelle alternent pour couver. On ignore leur stupéfaction en découvrant, sinon la teinte différente des œufs, du moins le son insolite des premiers balbutiements ! Les coucous sont réputés pour aimer la solitude. Sortes de couples d'ermites, ils sont plutôt bavards durant le printemps. S'exprimant pendant une seule saison, il apparaît bien naturel que le coucou aime se saouler de chants.

On se moque volontiers du coucou. Celui-ci ne se lasse pas de prononcer deux syllabes sur un ton identique. D'un corps minuscule, jaillit un cri strident qui fait sortir la nature de sa précédente léthargie. Répétition d'un mantra ? Pourquoi pas ? Puissance d'une forme litanique ? Appel d'un muezzin invitant à la prière ? Le chant du coucou apparaît étrange en raison de son caractère incisif. Humour, peut-être, d'un esprit facétieux qui pourrait signifier : « Je me cache. En dépit de mon cri qui me situe, personne ne peut me voir. » Ou encore : « Je chante le printemps. Je clame sa présence. Éveille-toi au renouveau, à la joie. Je pourrais te distraire par mon ramage. Il n'en est pas question. Concentre-toi sur la nouveauté d'un verdoiement et non sur moi-même. Je ne suis qu'un veilleur qui annonce une bonne nouvelle. »

Relié au cosmos, l'homme perçoit peut-être, en lui-même, le chant de son « coucou intérieur ». Suite d'*Alleluia!* de *OM*, d'*Amen*, d'*Exultet*. Le printemps, renouvellement de la nature, correspond à une résurrection. Et le coucou célèbre un au-delà de l'hiver et de la nuit.

Dans les régions du Tibet et de l'Inde, le coucou jouit d'un merveilleux prestige. Annonciateur du printemps, il symbolise le bonheur engendré par un perpétuel renoncement.

La *Précieuse Guirlande de la loi des oiseaux*[5] présente un poème dans lequel un bodhisattva a été métamorphosé en coucou. Celui-ci convoque tous les oiseaux dans une sorte de cénacle. Son but est d'enseigner la sagesse. On peut se demander pourquoi le coucou est choisi de préférence à un autre oiseau. La femelle coucou pond ses œufs dans un nid qu'elle n'a pas construit : ce qui pourrait être interprété comme un acte de paresse est au contraire retenu comme une preuve de détachement.

Avant d'enseigner la Loi, le grand Coucou, roi des oiseaux, demeura durant des années à l'ombre d'un santal, afin de se tenir dans un état de méditation silencieuse. Ce retrait de toute activité lui était nécessaire pour formuler son message.

L'ayant aperçu, le Perroquet songea aussitôt que le Coucou s'était mis à l'écart par irritation. Une mauvaise humeur provoquait sans doute son isolement. Bavard, le Perroquet questionne le Coucou.

L'interrogé répond avec bienveillance. Après avoir loué le Perroquet de savoir parler, il fait allusion à l'océan des transmigrations. Rien ne possède la moindre réalité. On voit partout le désespoir, la mort, l'attachement. D'où la nécessité de renoncer à l'action. Le maître charge le Perroquet de transmettre son propos « à toute la gent ailée ».

Le messager s'exécute et les oiseaux se rassemblent autour du Coucou. Le Paon dirige les oiseaux de l'Inde, le Vautour ceux du Tibet. L'Oie royale est à la tête des oiseaux aquatiques, tandis que le Perroquet réunit les volatiles habitant les bois.

De nouveau, le Perroquet s'exprime. Tout d'abord, il avoue sa propre ignorance et celle de ses compagnons. Avec humilité, il demande un enseignement pour apprendre à méditer.

Le Coucou énonce trois principes :

la nécessité de penser à l'impermanence, à la mort ;

ne commettre aucune action vicieuse ;

s'abandonner à la beauté des pensées.

Pour réaliser ces conseils, il convient de « prier sans trêve » et de rejeter tous les attachements. Ayant énoncé ces éléments de sagesse, il conseille aux oiseaux de méditer durant sept jours.

Ici la symbolique du chiffre 7 apparaît significative. La méditation silencieuse opère chez les oiseaux une sortie de l'ignorance, donc une nouvelle création. Les uns et les autres oiseaux font part au Coucou de leurs réflexions. Celles-ci comportent une certaine tristesse, voire un pessimisme : « En allant au fond des choses, on voit que tout est souillé. »

Le Coucou se montre satisfait des propos tenus par ses auditeurs. Il leur donne un enseignement plus subtil que le précédent en les engageant à réfléchir sur la « non-réalité des renaissances ». En effet, « les lois de la Transmigration et du Nirvana ont été rassemblées par notre propre pensée ». Il convient donc de comprendre que « tout est vide ».

Ayant fixé un rendez-vous l'année suivante, les oiseaux se dispersent tandis que le Coucou reprend sa méditation.

Au bout d'un an, les oiseaux se retrouvent au Tibet. Ils se sont tous améliorés grâce au détachement. Alors le Coucou ne donne plus aucune loi, mais deux conseils: « Que vos chants d'oiseaux éclatent dans l'allégresse » et « Dansez en cadence la grande danse du bonheur. » Les oiseaux s'éloignent en chantant et en dansant.

Ainsi ceux qui entendent la jubilation des chants d'oiseaux et qui les voient danser dans la lumière peuvent songer au roman tibétain dans lequel le bodhisattva Avalokiteshvara prit la forme d'un coucou pour donner son enseignement. Selon ce conte, la joie de l'oiseau symbolise le détachement, le parfait renoncement à toute possession.

L'hirondelle

Autrefois, dans les campagnes, on constatait le départ des hirondelles et on guettait leur retour. Les voir revenir procurait une joie. Ce n'était pas leur vol ou leurs cris qui rendaient heureux, mais l'arrivée du printemps.

La population rurale a longtemps vécu au rythme des saisons que marquaient les différents travaux des champs. En s'industrialisant, les agriculteurs, devenus d'ailleurs moins nombreux, sont toujours obligés de tenir compte des périodes vouées aux semailles, aux récoltes et à l'élevage des animaux. Mais ils n'ont plus le temps ou le goût de respirer l'odeur de la terre, d'observer la présence ou l'absence des oiseaux. Les générations de cultivateurs capables de pouvoir déterminer les hivers froids ou tièdes, d'après le passage des oiseaux migrateurs, ont disparu. L'observation du vol des différentes espèces de volatiles qui permettait de préciser l'arrivée des orages et les changements de temps a été remplacée par les bulletins météorologiques de la radio et de la télévision. Une rupture s'est opérée entre l'homme et l'oiseau. Ce dernier n'est plus pour l'homme un porteur de signes, un symbole qu'il convient de déchiffrer, un élément de beauté par sa coloration et ses chants. Les images de l'audiovisuel retiennent plus aisément l'attention. Ainsi le rôle de l'hirondelle s'inscrit dans un passé défunt privé de toute résurrection. Si un jour les hirondelles disparaissent, le fait sera constaté sans émotion par la majorité des hommes. Peut-être restera-t-il quelques enfants et cela n'est pas certain, pour ânonner dans les écoles *L'Hirondelle et les petits oiseaux* de La Fontaine :

> « *Une Hirondelle en ses voyages*
> *Avait beaucoup appris. Quiconque a beaucoup vu*
> *Peut avoir beaucoup retenu.*
> *Celle-ci prévoyait jusqu'aux moindres orages,*
> *Et devant qu'ils fussent éclos*
> *Les annonçait aux matelots.* »

Seuls les hommes qui choisissent de voguer en solitaires doivent prêter toute leur attention à la présence des oiseaux dont ils regardent le vol en se réjouissant de leurs passages et même de leurs visites lorsqu'ils se posent durant un bref instant.

Contrairement à la plupart des oiseaux, l'hirondelle n'est pas sauvage. Elle se pense sans doute aimée. Elle niche volontiers près des habitations, fait son nid au-dessus d'une fenêtre, d'une porte, dans une étable, sous une corniche. Sa livrée noire et blanche, la finesse de sa forme, sa queue fourchue lorsqu'il s'agit d'une hirondelle de cheminée, permettent de la reconnaître. Quelques jours avant les départs pour la saison d'hiver, les hirondelles se retrouvent sur les fils télégraphiques. Elles se parlent. Sans doute échangent-elles des propos concernant leur futur voyage.

Dans les légendes se rapportant à l'Antiquité ou au Moyen Âge, les hirondelles occupent une place importante. Reliée à la divinité égyptienne Isis, sœur et femme d'Osiris qu'elle ressuscita après sa mort avec le concours d'Anubis dieu des Morts, la déesse Isis fut changée en hirondelle.

Signifiant la vie *post mortem*, l'hirondelle est représentée sur les tombeaux égyptiens. Sa présence, plus encore la construction de son nid sous le toit d'une demeure, est considérée comme l'annonce d'un bonheur. Or cet oiseau revient souvent loger dans le même emplacement après son absence hivernale.

La vertu guérisseuse de l'hirondelle est attestée par Léonard de Vinci. Dans son bestiaire (*Carnets*), il mentionne l'hirondelle capable de rendre la vue à ses petits lorsque ceux-ci naissent aveugles[6]. Elle utilise la chélidoine, plante herbacée dont le suc laiteux était autrefois employé pour les verrues. Léonard de Vinci reprend ici un texte de Pline. Il convient aussi de remarquer que la chélidoine sera appelée « herbe des hirondelles ». Le rapprochement s'établit d'autant plus aisément que les Grecs donnaient à l'hirondelle le nom de *chelidon*. Selon Pline, le sang des hirondelles entrait dans la confection des collyres. Dans les légendes populaires, tuer une hirondelle pouvait provoquer la cécité.

Améliorer la vue, la faire recouvrer concerne les yeux

du corps. Mais il est une autre manière de voir. Celle-ci concerne les yeux intérieurs. Le symbole de l'hirondelle est alors interprété comme signifiant l'accès à la lumière. Cette clarté ne surgit pas uniquement après la mort, elle peut se devancer. Ainsi, l'homme possède une vision supraterrestre avant de mourir.

Depuis l'Antiquité, l'hirondelle a toujours symbolisé le printemps. D'après une croyance populaire, conservée encore dans certaines campagnes, un nid d'hirondelle, perché aux alentours d'une maison, annonce non seulement le bonheur mais la naissance prochaine d'un enfant s'il s'agit d'un couple. Dans l'ancienne Chine, l'hirondelle est souvent associée au loriot, renommé pour être l'oiseau de la joie et du chant. L'hirondelle-loriot désigne aussi des serveuses de bar qui deviennent volontiers des filles de plaisir sans être pour autant cataloguées comme prostituées. L'hirondelle évoque encore le martin-pêcheur. Ce dernier est signe du bonheur amoureux. Il symbolise la beauté[7].

Selon une croyance populaire chinoise, les nids appartenant à des hirondelles de mer, de l'océan Indien, sont formés avec des algues. Ils constituaient une nourriture luxueuse recherchée surtout par les hommes, dont ils sont censés accroître la virilité.

La huppe

Dans les récits initiatiques, la huppe est toujours considérée comme l'oiseau de Salomon. Elle lui sert à la fois de messagère et de confidente. Non seulement elle transmet les ordres du roi, mais ce dernier lui a révélé les secrets du temps et de l'éternité. C'est pourquoi elle présente, grâce à son plumage, les signes de son élection. Sur sa tête, une couronne; sur sa poitrine, un étrange ornement indique sa connaissance du monde invisible. Toutefois, l'ignorant ne discerne rien de particulier. Verrait-il la mystérieuse empreinte, il serait incapable de la déchiffrer.

Salomon est un sage. Et son oiseau préféré a hérité de son profond savoir. C'est pourquoi la huppe signifie la sagesse. Cette science, elle la transmet sans la moindre prétention, avec l'humilité qui convient aux porteurs des divins mystères. Quelques anecdotes permettent de mettre en valeur le rôle de cet oiseau singulier.

Dans le récit persan, *Le Langage des oiseaux*, de Farîd-ud-Dîn' Attar[8], les oiseaux se réunissent pour choisir parmi eux un roi. Consciente de connaître les secrets de la création, la huppe dirige l'assemblée. Après avoir évoqué ses nombreux voyages, elle apprend aux oiseaux qu'ils possèdent déjà un roi. Celui-ci a pour nom Sîmorgh[9]. Il habite dans un lieu difficile d'accès, derrière le mont Qâf. Décidée à lui rendre visite, la huppe propose aux oiseaux de l'accompagner.

Subjugués par le discours entendu, les oiseaux sont séduits par la perspective d'aller voir leur roi; ils acceptent joyeusement le projet qui leur a été présenté. La nuit suivante, la sîmorgh se manifeste en laissant tomber une de ses plumes sur la Chine.

En dépit de leur allégresse momentanée, les oiseaux redoutent l'aventure d'un voyage lointain qui leur apparaît scabreux. Ils n'osent pas avouer leur crainte, mais ils vont trouver un prétexte pour renoncer à leur projet. Le rossignol parle de son amour pour une rose vermeille qu'il ne saurait abandonner. La perruche, enfermée dans une cage, rêve de s'abreuver à la source de l'immortalité gardée par Khizir; s'élever jusqu'à l'aile de la sîmorgh lui semble impossible. Vivant dans des ruines, le hibou a décidé de se vouer à la rechercher d'un trésor. La bergeronnette allègue la fragilité de son corps.

Avec patience, la huppe démonte un à un les arguments proposés. Là encore, son souhait est d'offrir un enseignement initiatique. Ainsi, elle apprend à ses auditeurs qu'ils ne possèdent par eux-mêmes aucune lumière. En effet, ils sont uniquement l'ombre de leur roi. Chaque oiseau pourrait, en regardant son cœur, contempler l'image de la sîmorgh, à condition toutefois que son cœur soit un parfait miroir.

Cependant les oiseaux remettent à plus tard leur voyage. Tous préfèrent la tranquillité à l'affrontement des périls. Toutefois le projet ébauché les poursuit; ils ne peuvent l'oublier. Hantés par lui, les voici remplis d'angoisse. D'où leurs gémissements. Semblable à une blessure, leur perpétuelle anxiété fait couler du sang sur leurs ailes.

Inlassable, la huppe poursuit son enseignement. Elle prêche le détachement, le renoncement aux désirs et à toute propriété. De tels abandons donnent accès à la liberté et à l'immortalité. Dans ses discours, la huppe dévoile de plus en plus de secrets.

En l'écoutant, certains oiseaux périssent d'émotion. Enfin des milliers d'oiseaux se mettent en route. Le voyage durera des années. Pendant ce temps, un grand nombre d'oiseaux meurent de fatigue et d'épuisement. Ceux qui arrivent, une trentaine seulement, sont privés de plumes et d'ailes. Certains ont perdu leurs pattes.

Que découvrent-ils? Des milliers de soleils. Alors ils choisissent d'être absorbés dans la splendeur de la lumière. Ils passent dans le feu de la sîmorgh et leur ombre se perd en elle.

Un tel récit remplit tout un livre. Entre les pourparlers d'oiseaux, se glissent de brefs récits concernant des hommes qui illustrent et commentent les dialogues des oiseaux.

Une telle version pourrait sembler cruelle. Elle ne l'est point. Toutefois, elle montre la difficulté des divers renoncements et les périls du voyage initiatique. Très peu arrivent au terme. Pour ceux qui y parviennent, l'illumination n'est pas un piège, mais un achèvement dans la lumière. La rencontre provoque une communion. Le sujet est absorbé, tel le papillon se jetant dans la flamme d'une chandelle. Dans la tradition soufie, la huppe, subissant une métamorphose, pouvait se transformer en sîmorgh.

Les chrétiens du Moyen Âge méprisaient la huppe, ils la situaient à l'opposé de l'oiseau de Paradis. Certains Pères de l'Église croyaient qu'il s'agissait d'un oiseau aimant se nourrir d'immondices. La position de saint Cyrille et aussi de saint Jérôme fut reprise par les bestiaires et en particulier par Isidore de Séville. La huppe est nommée oiseau immonde (*avis spurcissima*)[10]. En réalité, la huppe intriguait, elle apparaissait presque infernale du seul fait qu'elle savait se cacher, se rendre invisible. Une herbe de son nid possédait le privilège de camoufler sa présence. Un homme, qui aurait pu s'emparer de cette herbe, pouvait se dissimuler totalement aux yeux d'autrui. Cet étrange pouvoir, qui semblait s'apparenter à la magie, provoquait l'inquiétude.

Dans *Les Oiseaux*, Aristophane fait constamment intervenir la huppe. Dans un passage rempli de poésie, elle s'adresse aux différents oiseaux :

> « *Venez ici, chacun de mes frères ailés ; vous tous qui picorez les sillons bien semés des paysans, innombrables tribus qui becquetez les orges, peuples au vol rapide qui cueillez les semences en*

lançant un cri délicat, et vous tous dont la voix joyeuse, dans le guéret, cerne la motte de son fin gazouillis... et tous ceux parmi vous qui, le long des jardins, sur les branches du lierre avez votre pâture, et ceux des montagnes, et les picoteurs de l'olivier sauvage, et les mangeurs d'arbouses, hâtez votre vol vers ma voix[11]. »

Le merle

Messager du printemps, le merle rural est un migrateur. Urbain, il ne quitte pas la ville durant l'hiver. Distingué, avec son costume noir et son bec jaune, d'une extraordinaire vivacité, il sautille sur le sol, fouille entre les herbes pour se nourrir. Même âgé, il éclate de jeunesse. Contrairement à beaucoup d'oiseaux qui éprouvent la nécessité de se percher sur une branche pour chanter, le merle s'exprime volontiers lorsqu'il est posé sur le sol, dans un jardin, une prairie. Il convient de « ne pas parler la bouche pleine », dit l'adage. Entre deux becquées, le merle siffle joyeusement.

À propos du merle, Olivier Messiaen écrira :

> « *Cinq heures du matin, le réveil des oiseaux : un merle soliste improvise, entouré de poussières sonores, d'un halo de trilles perdus très haut dans les arbres. Transposez cela sur le plan religieux : vous aurez le silence harmonieux du Ciel*[12]. »

Faire allusion au « merle blanc » signifie, au niveau humain, l'exception, l'extrême rareté ; ce qui ne correspond pas aux lois de la nature. Suivant les bestiaires, le merle blanc vivait en Achaïe (au nord du Péloponnèse).

La mésange

Ce nom plein de charme convient parfaitement à celles qui le portent. Les espèces de mésanges se distinguent d'après le coloris de leur plumage. Le plus souvent, il s'agit de la mésange noire ou encore charbonnière. Elles vivent dans des bois et aussi dans des jardins. Un trou dans un arbre peut leur servir de maison. Il en est de même pour la mésange bleue qui vient parfois se montrer près des habitations. Elle est le plus souvent accompagnée par d'autres types de mésanges. Quant à la mésange huppée, elle porte au sommet de sa tête une hupette noire et blanche qu'elle peut mouvoir avec l'aisance d'une jolie femme secouant sa chevelure.

Réputées pour leur fidélité conjugale, les ménages de mésanges nonnettes sont inséparables. Toutefois, elles aiment se mélanger à leurs confrères appartenant à des espèces différentes. Il n'existe pour elles aucun racisme. Si elles diffèrent par leurs couleurs, elles se ressemblent par leurs chants. Confiantes, les mésanges s'approchent volontiers des fenêtres pour picorer la nourriture qu'on veut bien leur offrir.

Le moineau

Appartenant à la famille des passereaux, le moineau nous est familier. Nous connaissons tous cet oiseau minuscule, rapide, sautillant et parfois effronté. Son symbole est significatif.

Moineau, petit moine[13], être unifié s'apparentant à la monade, parvenu au terme de son processus d'individuation. Dans sa philosophie, Leibniz parlera de l'individualité à la fois substantielle et simple. Simplicité non par manque mais par plénitude. Le moine d'Orient ou d'Occident est invité à devenir « un ». Parfois il s'égare en se livrant à la recherche d'un modèle. Or celui-ci s'offre continuellement à son regard sous la forme du passereau. À première vue rien de singulier chez le moineau, et cependant une extrême originalité. Grâce à lui, il devient possible d'apprendre qu'on se différencie d'autrui par l'accès à la parfaite simplicité. Simplicité et nudité s'accouplent, diraient les mystiques. L'une et l'autre débouchent sur l'humilité, la modestie. Et par conséquent le refus des masques protecteurs. Le moineau ne cherche pas à jouer un rôle particulier dans l'univers des oiseaux. Il remplit la partition qui lui incombe avec aisance et légèreté. Sa présence n'est jamais ennuyeuse. Quant à sa drôlerie, elle provoque un sourire amusé. Ainsi sa présence distrait des ennuis quotidiens. Libre, cet oiseau enseigne, à sa manière, que peu importent la taille, la prestance, la renommée. Il ne fait pas partie des grands qui s'imposent du fait de leur magnificence, ou encore de leur ramage. Son plumage est discret, son chant aussi. Il se signale surtout par des pépiements dont le son varie suivant ce qu'il souhaite exprimer.

Le moineau espère tout sans rien attendre. Il trouvera toujours une pâture suffisante. Le sachant, il n'éprouve nulle inquiétude du futur. Il vit dans l'instant présent. Et cela à la façon de ses frères, les autres oiseaux. Toutefois, sa particularité, qu'il convenait de souligner, relève de sa banalité extérieure. Il est comme tout le monde, pourrait-on dire. Ce qui signifie que passe inaperçu ce moinillon ailé, pourvu d'innocence, à la façon d'un tout petit enfant. Tel le pigeon, il s'adapte avec aisance au bruit des grandes villes. On peut le voir se faufiler sous les voitures arrêtées, cherchant une mie de pain ou un croûton jeté par un écolier distrait ou rassasié.

Toutefois, le moineau présente encore un autre aspect. Consacré à Vénus, il a été longtemps renommé pour sa lubricité et aussi sa paillardise. Il en était ainsi dans l'iconographie médiévale. Une telle réputation apparaît sommaire et injustifiée. Il ne faut pas oublier que, dans les chansons du Moyen Âge, ceux qui voulaient se moquer des moines faisaient allusion à leur libertinage et même à leur grivoiserie.

En Chine, le moineau appelé « l'oiseau du chanvre » était renommé pour sa sexualité. L'« école des moineaux », expression utilisée dans la Chine du Sud, désignait les poèmes de mah-jong[14].

Le paon

Originaire de l'Inde, il y a environ quatre mille ans, le paon est représenté dans toutes les traditions. Il est considéré comme l'oiseau de Junon (l'Héra grecque), déesse romaine épouse de Jupiter.

Sa réputation d'orgueil, il se peut qu'elle soit surfaite ! Darwin prétend que le paon fait la roue devant tout regard qui se pose sur lui. Il étale sa beauté même pour les yeux d'un misérable cochon ! Ne serait-ce pas là sa façon de saluer ! Mieux vaut ne pas retenir ici une exhibition vaniteuse. Si, devant le porc, cet oiseau déploie son panache, son attitude prouve qu'il ne tient aucun compte des jugements de valeur, des préjugés hiérarchiques et des discriminations défavorables.

Les esprits malveillants diront que le paon veut ici montrer son originalité afin de mieux souligner la laideur de son partenaire. Mais ce personnage singulier n'est pas une jolie femme qui se fait accompagner par une fille au visage ingrat pour mieux mettre en valeur son propre charme !

Surnommé « l'oiseau aux cent yeux », il évoque par son image la vision du prophète Ézéchiel (10,12) avec les chérubins au dos et aux ailes semés d'yeux. S'inspirant de ce texte, le philosophe russe Chestov dira que « l'Ange de la Mort » s'étant approché trop tôt d'un homme, dont le départ du plan terrestre n'est pas encore venu, lui laisse en cadeau des paires d'yeux[15]. Désormais ce mort en sursis sera doué d'une ample perception visionnaire. Il devance l'état qui surviendra lorsqu'il se déchargera de sa condition terrestre. C'est ainsi que le paon, réputé pour la multitude de ses regards, signifie l'immortalité. Oiseau solaire, dont les yeux seront comparés aux rayons du soleil.

Déployée, sa roue étrange symbolise la voûte du firmament avec ses nombreuses étoiles. C'est pourquoi le livre du *Bardo Thödol* en fait le trône du Bouddha. À cela s'ajoute la diversité des couleurs de son plumage. Celles-ci évoquent la transfiguration et aussi l'œuvre alchimique de la transmutation. En effet, le paon dévore les serpents. Par là même, il devrait s'empoisonner et périr. Au contraire, le venin absorbé a pour effet d'aviver ses couleurs, de les rendre rutilantes d'un nouvel éclat. Le cri du paon n'est pas particulièrement musical. On ne saurait tout avoir. La lumière a son ombre, l'endroit son envers.

D'où le signe d'immortalité que cet oiseau somptueux présente. Le pouvoir d'opérer la mutation du mal en bien ne provient pas d'une magie, toujours douteuse, mais de la pureté du regard qui, ne retenant que la beauté, transforme ce qu'il contemple. Non seulement le mauvais est absous, mais il s'éclipse.

Souvent dans l'art, chrétien ou non, un couple de paons entoure l'arbre de vie. À l'époque médiévale, les sculptures et peintures représentent des paons buvant dans un calice le vin transmué symbolisant le sang du Christ.

Selon un conte derviche[16], une querelle éclate entre un serpent et un paon. L'un et l'autre se comparent en évoquant leurs qualités respectives. Le paon se croit supérieur au serpent. Il affirme représenter l'inspiration, l'envol vers les cieux et la beauté paradisiaque. Par mimétisme, l'oiseau rappelle à l'homme les splendeurs de son être caché. Le serpent est persuadé de tenir un rôle identique. Il vante sa propre souplesse, son ondoiement et se dit le gardien des trésors enfouis dans la terre.

Devant une telle affirmation, le paon déclare au serpent qu'il est repoussant, sournois et dangereux. « Caractéristiques humaines », rétorque le serpent, qui demeurent extérieures : « Toi, tu es vaniteux, dodu, ton cri est discordant, tes pattes trop grandes. »

Survient un jeune homme nommé Adi. Après avoir traversé le Khorassan, il est arrivé en Irak. Sur son chemin, il découvre le serpent et le paon et assiste à leur dispute. Avec sagesse, se voulant conciliateur, il démontre les qualités et les défauts des deux adversaires. Dans son exposé, il prend l'homme comme exemple. En effet, les fables sont toujours une illustration symbolique de la condition humaine. L'homme, dira-t-il, est un rampant. En cela il ressemble au serpent. Tel l'oiseau, il pourrait s'élever vers les cimes. Mais son avidité a pour effet de le clouer au sol. De plus, il s'abandonne à l'orgueil à la façon du paon.

Tandis qu'il parlait, Âdi perçoit en lui-même une voix intérieure qui lui dit: « Ces deux animaux sont doués de vie; c'est leur facteur déterminant. » Vaine est leur querelle. « L'un garde des trésors sans pouvoir y puiser. L'autre reflète la beauté – qui est elle-même un trésor – mais ne peut s'en servir pour se transformer. »

Ces deux animaux sont autant de symboles « pour ceux qui savent voir et entendre ». Et la légende de conclure qu'en arabe le mot paon exprime la « parure » et que le terme serpent provient d'une racine désignant l'« organisme » et la « vie ». D'où le culte de l'Ange Paon, que les Yézidis pratiquent. Dans ce culte, le serpent et le paon symbolisent « l'Intérieur et l'Extérieur ». Cette « histoire » soufie s'est propagée au Moyen-Orient, elle a fait aussi des adeptes aux États-Unis et en Europe, et sa symbolique apparaît toujours valable pour ceux qui savent l'interpréter.

« Se parer des plumes de paon » signifie qu'on surestime sa situation par vanité ou orgueil. Cependant rien n'est modifié. Ainsi la corneille qui se figure avoir revêtu les plumes du paon continue de croasser avec les autres corneilles! En Chine, on mélangeait volontiers dans les vases les plumes de paon et les coraux pour signaler à autrui l'importance de son rôle social.

Le pélican

Partout présent dans l'art (sculpture, peinture, gravures, émaux), célébré dans les textes anciens, au Moyen Âge, et aussi dans la littérature orientale et occidentale, le folklore, le pélican occupe une place importante dans les bestiaires. Merveilleux voilier dans l'air avec ses longues ailes, nageur expérimenté grâce à ses palmes, une poche placée sous son bec lui sert de buffet portatif entretenant perpétuellement une douce tiédeur.

Cet oiseau éprouve une passion pour l'eau. En particulier celle des fleuves, des lacs et des rivières ; c'est là son domaine et le lieu de son ravitaillement. Il engloutit dans son sac les poissons pêchés. Au moment des repas, il les restitue tel un panier à provisions que l'on vide, avant de les absorber de nouveau ou de les partager avec ses petits. Vêtu de blancheur et de gris, connu par sa présence sur les bords du Nil, il a été remarqué par les écrivains de l'Antiquité qui ont amplement propagé ses légendes[17].

D'après un texte qui comporte d'ailleurs plusieurs versions différentes, les petits pélicans frappent leurs parents avec cruauté sur le visage. Les victimes se défendent et tuent parfois leurs oisillons. Après avoir pleuré leurs enfants durant trois jours, la femelle s'ouvre le flanc et son sang s'écoule sur sa progéniture qui ressuscite. Ce récit se trouve, par exemple, chez Guillaume de Normandie. Selon René Nelli qui a particulièrement étudié les textes cathares, le pélican abandonne ses enfants pour suivre le soleil. Lorsqu'il revient vers son nid, il trouve ses jeunes oiseaux blessés par un animal nocturne ; alors il les soigne et les guérit.

Une nuit, le pélican se cache et, lorsque la bête surgit, il l'attaque et la tue.

Le symbole du pélican fut très tôt appliqué au Christ rédempteur. Le Christ-pélican a pu vaincre le démon et le reléguer en enfer. En tant que rédempteur, il sauve les chrétiens en leur apportant la vie éternelle. Le symbole du sang répandu est ici évoqué. Le sang qui s'apparente au soleil est aussi le véhicule de l'âme, il donne la vie. La transsubstantiation eucharistique illustre l'importance du sang avec son évocation corporelle, qu'il convient de dépasser car il ne s'agit pas d'un corps physique, mais d'un corps de gloire. À un autre niveau pourrait se situer le souffle correspondant non plus au corps mais à l'esprit.

Ainsi le pélican s'ouvrant la poitrine, afin que ses petits reçoivent des gouttes de son sang et soient réanimés, est rapproché du Christ sur la croix et de sa blessure faite au côté gauche laissant s'écouler du sang et de l'eau. D'où le propos d'Angelus Silesius :

> « *Éveille-toi, chrétien mort, vois notre Pélican t'arrose de son sang et de l'eau de son cœur. Si tu le reçois bien... tu seras à l'instant vivant et bien portant*[18]. »

Une autre face de ce même symbole du pélican, sera amplement commentée. Cet oiseau qui s'adonne à la pêche, que les Égyptiens avaient surnommé « le chameau de la rivière », va devenir le modèle des solitaires, des ermites, des hommes qui, dans les déserts, communiquent avec l'Éternel et luttent contre les démons.

Le désert, célébré par les prophètes d'Israël et le Psalmiste, est aussi le lieu du pélican. Comment cet oiseau qui aime se tenir près des fleuves peut-il vivre dans un lieu aride ? Désigné par le Lévitique et le

Deutéronome comme un animal impur, qu'il convient d'avoir en abomination, le pélican fait partie de la pauvreté désertique, au même titre que le hibou et le hérisson. Paysage mythique de désolation que l'on traverse sans s'y établir :

> « *Je ressemble au pélican du désert ;*
> *je suis semblable au hibou des ruines ;*
> *je veille et je gémis solitaire* » (Ps 101,7).

Lorsque les Pères de l'Église et les écrivains chrétiens louent la solitude et chantent l'épreuve du passage par le désert, ils prennent volontiers comme modèle le pélican. L'oiseau nocturne, qui tente d'attaquer les oisillons dans leur nid, n'est rien d'autre que le serpent démoniaque de la Genèse. Certains auteurs vont tourner la difficulté de l'oiseau pêcheur et de l'oiseau habitant le désert, en distinguant deux espèces de pélicans. Selon saint Jérôme, une espèce de pélican se nourrit de poisson et l'autre de lézards. Peu importent, d'ailleurs, les mets de cet oiseau étrange, ce qui est important relève de son double symbole : celui du sang répandu pour ressusciter ses enfants et aussi son illustration de la solitude, de la pauvreté, du dénuement.

Les écrivains chrétiens commentateurs du psaume 101, faisant allusion au pélican, oiseau du désert, vont louer non seulement la solitude, mais le désert lui-même appelé à se transformer en jardin. D'où la symbolique des métamorphoses, des résurrections, du triomphe de la vie sur la mort. Le temps s'efface toujours devant l'éternité et la tristesse se transforme en joie.

Aussi le pélican devient un signe d'espérance. En Flandre, en particulier dans la ville de Bruges, certaines maisons vouées autrefois aux malades et aux indigents, furent surmontées d'un pélican s'ouvrant la poitrine devant de jeunes oiseaux affamés.

Le rossignol

Selon les poètes de l'Antiquité, le rossignol apparaît comme le héros d'une légende dont font aussi partie l'hirondelle, la huppe et l'épervier. Térée, roi de Thrace, marié avec Procné, eut un fils appelé Itys. Devenu amoureux de sa belle-sœur Philomèle, le roi la viola après avoir prétendu que son épouse était morte. Pour qu'elle ne puisse pas le dénoncer, il lui coupa la langue. Grâce au tissage d'une toile, Philomèle communiqua sa triste aventure à sa sœur. Les deux femmes résolurent de se venger en tuant Itys et en le faisant manger à Térée dans un festin. Fou de douleur, le roi prit la décision de massacrer ensemble sa femme et sa belle-sœur. À l'instant où il tirait l'épée pour exécuter son dessein, Zeus intervint. L'épouse trompée fut métamorphosée en rossignol, tandis que Philomèle devenait une hirondelle. Quant au roi, il fut transformé en huppe ou en épervier. (Les deux noms apparaissent dans les différents récits.)

Influencés par ce mythe, les interprètes du chant du rossignol le qualifièrent volontiers de mélancolique. Ainsi Shakespeare opposera dans *Roméo et Juliette* la mélodie du rossignol à celle de l'alouette[19].

En fait, il s'agit moins de mélancolie que de nostalgie. Nostalgie d'un amour éternel, tristesse d'un terme inévitable. Les poètes célèbrent ensemble l'amour et la mort.

Le rossignol chante la nuit. Ses accents mélodieux possèdent un caractère ineffable, quelque chose d'angélique appartenant au monde invisible. On dirait que le chant du rossignol anime « la partie increéée et incréable » de l'homme, suivant l'expression employée par Eckhart. D'où le retour à un état originel source d'unité. Restauration que Novalis nommera « la conversion à la nuit ». Pourquoi la nuit ? Parce que l'obscurité n'est pas toujours noirceur. Elle peut sembler sombre par excès de lumière ! L'écoute du rossignol provoque une orientation vers le mystère. Il ne s'agit pas ici de propos romantiques. Cette partie secrète de l'être correspond à une virginité profonde qu'anime la beauté, en particulier la beauté des sons ; qualité vibratoire qui soulève un écho.

Cet oiseau minuscule symbolise le parfait amant. Le rossignol est le chantre de l'amour. Perché au bord de son nid, tandis que sa petite femme couve ses œufs, il célèbre une triple tendresse. La sienne pour son épouse, celle de son épouse pour lui. À cette affection mutuelle s'ajoute la conscience un peu floue de la joie paternelle. Cet amour triangulaire chante la festivité du printemps.

Il serait plus juste de dire que le rossignol aime à travers le printemps. L'amour jaillit de la saison printanière et se diffuse dans l'oiseau. Le rossignol risque de s'attribuer à lui-même un mouvement d'amour qui n'est pas le sien mais auquel il consent. Ainsi l'ami des mystères croit savoir aimer. En réalité, c'est l'amour qui aime à travers lui. L'oiseau est réceptacle et l'homme aussi. L'animal ailé plonge dans l'air et s'enivre de son parfum. Le rossignol pourrait faire sienne la parole du Psalmiste (30,13) : « ... tu m'as ceint de joie afin que mon cœur te chante. »

C'est la nuit que se fait entendre le rossignol. Poète du nocturne, il célèbre la nuit. Sa mélodie illustre la pensée de Denys le mystique (Denys l'Aréopagite) et de Jean de la Croix. La nuit donne naissance au jour, elle accouche l'aurore. Ainsi le jour est un enfant de la nuit. Novalis célèbre la grandeur de la Nuit Mère.

Le rossignol chante le Royaume de la Nuit « hors le temps et l'espace[20] ». Pour saisir la splendeur de la nuit, il importe de recourir aux auteurs mystiques et aux poètes. Selon Eckhart, Dieu est comme un néant « *Wie ein Nicht* ». Il n'est pas non-être par insuffisance mais par surabondance d'être ; de même, il est ténèbre par excès de clarté. Une pensée semblable est déjà exposée par Grégoire de Nysse. Elle se développera chez Böhme. On en retrouve l'écho chez les poètes français.

> « *Prions, voici la nuit*
> *La nuit grave et sereine.* »

écrit Victor Hugo. Et encore :

> « *Ma fille ! va prier.*
> *Vois, la nuit est venue.*
> ...
> *Écoute ! Tout rentre et se repose ;*
> *Et l'arbre de la route*
> *Secoue au vent du soir,*
> *La poussière du jour*[21]. »

Le chant du rossignol peut s'interpréter comme une prière nocturne, semblable à celle des moines chartreux récitant les matines et les laudes dans les solitudes des rochers et des forêts.

Parce que la mort s'apparente à la nuit, certains auteurs interprètent le chant du rossignol comme une mélodie funèbre. Ceux-là se trompent. Ce n'est pas la mort que l'obscur évoque, mais l'amour ; l'amour plus fort que la mort, l'amour capable de vaincre les affres de la mort, l'appréhension du passage entre deux états successifs donnant accès à la résurrection.

Ici encore l'oiseau est un modèle que le rossignol offre aux hommes : l'entrée, par l'amour, dans la transfiguration. Déjà l'amour contient en lui le germe de la résurrection. Quant à la mort, elle provoque le déploiement d'une éclosion *ante mortem*. Dans le nid du rossignol, les oisillons brisent la coque de l'œuf. De même, celui qui entend le chant du rossignol se sépare de la gangue qui le retenait prisonnier. Il endure la démangeaison des ailes.

Le chant du rossignol est nostalgique. L'amour souhaiterait aimer davantage ; l'amour se rêve impérissable, donc éternel. Tout amour terrestre se voudrait céleste afin de pouvoir dépasser toutes les limites imposées par le contingent.

Un soir, Maine de Biran se promène dans la jeune verdure d'un printemps tiède. Les rossignols chantent. Les écoutant, le philosophe se trouve attiré par la dimension céleste. Les sons émis l'éveillent au-dedans. « Une révélation extérieure ne nous révélerait rien si elle n'était déchiffrée à la lumière d'une révélation intérieure[22]. » Maine de Biran aurait pu entendre la voix du rossignol sans y prêter la moindre attention. Or le chant de l'oiseau l'interpelle en raison d'une connivence subtile : la correspondance entre la beauté du dehors et celle du dedans. Ainsi la révélation se produit du fait d'une parenté secrète. Sinon, aucun accomplissement n'a lieu. La beauté d'un ramage aurait pu glisser, telles les gouttes d'eau sur les plumes d'un canard.

La mélodie du rossignol provoque chez Maine de Biran une naissance. Celle-ci peut se produire à des niveaux différents. Une légende raconte qu'un rossignol perché sur un sarment de vigne lançait ses notes joyeuses une nuit de printemps. Lorsque le jour vint, l'oiseau se trouva prisonnier des vrilles de la vigne dont la merveilleuse mélodie avait hâté la pousse. Les énergies sont communiquées par les sons et l'amour en décuple l'intensité.

Un amour de qui ? Un amour de quoi ? Peut-être que l'amour chanté par le rossignol se révèle entièrement dépourvu d'objet. Au-delà de son épouse, de ses petits, du printemps, le rossignol aime d'aimer. Il devient Amour.

Dans un poème dédié au rossignol, Lamartine écrit[23] :

> « *Quand ta voix céleste prélude*
> *Aux silences des belles nuits,*
> ...
> *Tu ne sais pas que mon oreille,*
> *Suspendue à ta douce voix,*
> ...
> *S'enivre...*
> ... *Cette voix mystérieuse*
> *Qu'écoutent les anges et moi.*

Le poète Saadi disait au rossignol qu'il n'était pas un parfait amant. Surpris par cette remarque, l'oiseau incriminé s'étonne. N'est-il pas par excellence le chanteur de l'amour ? Saadi conseille au rossignol d'apprendre l'amour du papillon. Attiré par la lumière d'une lampe, le papillon tourne autour d'elle, puis il se jette dans la flamme. Il meurt sans rien dire. Le papillon vit dans le silence, son vol seul lui tient lieu de chant.

Dans certains cas, le rossignol se substitue à l'amant. Dans le lai du Laüstic, Marie de France fait allusion à une jeune femme éprise d'un chevalier. La nuit, elle se tient à sa fenêtre et converse avec son ami qui habite une maison voisine. Jaloux, le mari intrigué questionne son épouse. Celle-ci allègue le chant d'un rossignol dont elle subit le charme. Malheureusement, un rossignol qui se trouvait aux alentours sera étranglé par l'époux et jeté avec violence sur la chemise de l'amoureuse. Celle-ci enverra à son chevalier le petit corps défunt. La dépouille sera introduite dans une châsse minuscule que l'amant portera désormais avec lui en souvenir de sa belle. Ainsi le rossignol chanteur de l'amour sera sacrifié à la place du véritable séducteur.

La fauvette appartient à la même famille que le rossignol. L'un célèbre le mystère de la nuit et l'autre la clarté du jour. On distingue communément deux types de fauvettes. L'une se tient de préférence dans les bois (fauvette orphée) et l'autre, renommée pour sa douceur et sa familiarité, aime les jardins (fauvette à tête noire). Dans l'art, la fauvette apparaît fréquemment posée sur une fleur.

Les oiseaux mal aimés

Nous le savons, tout symbole est duel avec sa double face de lumière et d'ombre, à la fois positive et négative. Le regard qui l'examine retient ce qui lui correspond. De l'oiseau mal aimé, la présence apparaît redoutable. Cette crainte provient le plus souvent d'une psyché encombrée par des superstitions difficiles à combattre. Celles-ci sont ancrées dans la mémoire des collectivités primaires et font partie d'un héritage familial. Dans le brassage de la mémoire, les superstitions prolifèrent, la psyché de l'individu médiocre retient volontiers des interprétations fallacieuses que son imagination décuple. La peur et les désirs guident le déchiffrement. Le manque de culture amplifie l'ignorance et risque de fausser la compréhension et par conséquent la connaissance. La lecture d'un symbole exige, comme le dirait Sénèque, « une tranquillité de l'âme », sinon tout est faussé.

Certaines ethnies provoquent chez les esprits attardés une malveillance. Ainsi les romanichels, venus d'Europe centrale, suscitent des jugements hâtifs : on les soupçonne volontiers de rapine.

Il en est ainsi à l'égard de plusieurs types d'oiseaux. Les uns sont accusés de manger les semences et de détruire les récoltes. Considérés comme nuisibles, on souhaite les abattre. Les autres, par leurs cris, engendrent la frayeur. Ces différents oiseaux ne sont pas universellement chéris. Parmi eux seront retenus la pie, le corbeau et la chouette.

La pie

Les pies sont renommées pour leur bavardage. Elles jacassent volontiers d'une façon amusante. On les dit voleuses. À l'époque où la nourriture des petits exige un labeur épuisant, elles pillent parfois d'autres nids et s'attaquent à de petits animaux, tels les poussins. Les cerises et les fraises sont pour elles un régal. Considérées comme nuisibles, des cultivateurs les tuent.

Si on devait occire ceux qui prennent inconsidérément les biens et les idées d'autrui, la terre se peuplerait de cadavres dont le nombre l'emporterait chaque année sur les vivants. Abandonner une certaine partie des récoltes, y compris des fruits, serait une forme de sagesse ; une aide bienveillante à l'égard des plus démunis. Ainsi on ne mentionnerait plus le pillage de certains oiseaux. Il serait alors possible de parler de partage et d'échanges. Autrefois, des femmes et des hommes venaient chanter dans les cours des immeubles. Ils recevaient quelque menue monnaie jetée par les fenêtres. Le don de la nourriture devrait être généreusement offert aux oiseaux chanteurs ou bavards. Ainsi l'argent serait remplacé par quelques bons repas.

Dans les *Métamorphoses*, Ovide commente l'aventure des filles de Pieros, héros de Thrace. Ces neuf jeunes filles se révèlent d'excellentes musiciennes. Elles vont mesurer leurs talents avec les Muses. Par jalousie, ces dernières les métamorphosent en pies. De leur lointain passé, les pies vont conserver le besoin de parler sans motivation, de jacasser pour le seul plaisir.

Selon une autre tradition, la pie a été jadis attribuée à Bacchus. Qu'il s'agisse du nom latinisé ou de la forme grecque, Dionysos, le dieu de la vigne et du vin est le dieu de l'ivresse, du délire. D'où la notion de bavardage : ne pas pouvoir contrôler son dire, parfois laisser filtrer des paroles dépourvues de sens.

La pie est parfois surnommée Margot, diminutif de Marguerite, signifiant perle. Sur sa robe noire soyeuse, quelques taches blanches sont semblables à des perles. Dans la littérature médiévale, un couple de pies se promène souvent dans les jardins.

En Orient, et tout particulièrement en Chine, la pie annonce le bonheur, la joie et aussi la bonne entente conjugale. Dans un ouvrage du IVᵉ ou Vᵉ siècle ap. J.-C., appelé *Livre des divinités et autres étrangetés*, il est fait allusion au « miroir de la pie ». Lorsqu'un couple se séparait momentanément, car l'homme partait en voyage, un miroir était brisé en deux et chacun des conjoints en conservait une moitié. Si la femme se montrait infidèle à son époux, son miroir se transformait en pie et celle-ci allait rejoindre l'infortuné mari. Il n'était pas dit que les aventures de l'homme métamorphosaient la partie de son propre miroir !

Les images concernant les vœux de bonheur représentaient souvent des pies accompagnées d'un arbre, ou encore d'un bambou et d'un prunier. Elles signifiaient le masculin et le féminin dans la joie de leur union[24].

Le corbeau

Dans l'initiation aux mystères de Mithra, le symbole du « corbeau » signifiait le premier grade, celui qui désignait l'accès à la dimension sacrée. Dans les banquets mithriaques, les mystes portaient des masques. Ceux qui servaient les boissons avaient sur le visage un masque de corbeau.

L'introduction dans la communauté – dont les femmes étaient exclues – comportait une préparation et des épreuves rituelles accompagnant l'accès à sept grades successifs. À chacun correspondait une planète. Le corbeau dépendait de Mercure, la planète la plus proche du Soleil. C'est pourquoi le corbeau fut considéré comme le messager du Soleil, c'est lui qui devait avertir Mithra de sacrifier le taureau. Le corbeau, comme « oiseau oraculaire », se situait entre les hommes et les dieux[25], c'est pourquoi il jouissait d'un grand prestige.

Dès les premiers siècles du christianisme, le corbeau

fut toujours magnifié, aussi bien en Orient qu'en Occident. Sa présence manifestait une protection divine. Il deviendra l'ami des ermites, c'est lui qui nourrit les solitaires. L'anecdote biblique concernant Élie demeurait dans toutes les mémoires. Grégoire le Grand s'en inspira à propos de saint Benoît. Jacques Le Goff a montré qu'au XIIIe siècle le corbeau sera interprété d'une autre façon ; au lieu d'être bénéfique, sa présence est prise « dans le grand mouvement de diabolisation, d'infernalisation », fomenté par une « pédagogie ecclésiastique de la peur[26] ». Les symboles n'échappent pas à cette dépréciation qui tend à se généraliser et brise l'émerveillement suscité par l'aile, le vol, l'oiseau.

En Occident, cet oiseau est le plus souvent considéré comme un dévoreur de récoltes, de jeunes poussins et un amateur de charognes. Sa couleur noire en fait un signe de deuil. Vivant en communautés, les corbeaux groupent leurs nids sur les hautes branches des arbres. Leurs cris étranges irritent ceux qui les perçoivent. Ainsi ces oiseaux semblent justifier l'antipathie que leur présence soulève.

D'après un dicton populaire, les corbeaux ne prennent pas leur nourriture là où ils gîtent. Ils partent le matin et rentrent le soir. À leur retour, ils bavardent. Sans doute se racontent-ils les événements du jour. On dirait qu'ils tiennent des conciliabules, d'orageuses discussions. Leurs vociférations évoquent des assemblées politiques dans lesquelles les partisans opposés échangent des injures avec des voix tonitruantes.

Selon la Bible, le corbeau remplit un rôle efficace. L'Éternel et les hommes l'utilisent comme un bon serviteur.

Dans l'Arche, au bout de quarante jours, Noé ouvre la fenêtre et lâche le corbeau[27]. Celui-ci sort et revient plusieurs fois. Son manège durera tant que les eaux ne seront pas séchées sur la Terre (Gn 8,7). S'adressant à Élie, l'Éternel lui ordonne de fuir vers l'Orient et de se cacher près d'un torrent, situé face au Jourdain. Habitant un lieu isolé, Élie risque de mourir de faim. Il boira l'eau du torrent et des corbeaux vont le ravitailler. En effet, deux fois par jour, sur l'ordre de l'Éternel, ces volatiles lui serviront du pain et de la viande (1 R 17,4). Dans le Livre de Job, l'Éternel veut montrer à son serviteur que celui-ci ne remplit aucun rôle dans les merveilles du monde animal : « Qui prépare au corbeau sa pâture, quand ses petits crient vers Dieu, qu'ils errent çà et là sans nourriture ? » (38,41). Le Psalmiste loue Dieu pour son action dans la nature. Après avoir montré qu'il vient en aide aux humbles, rassemble les nuages pour la pluie, fait croître l'herbe, il mentionne sa bonté envers « les petits du corbeau qui crient vers lui » (Ps 147,9). L'Évangile rapporte les paroles de Jésus conseillant à ses disciples de ne pas s'inquiéter de la nourriture et des vêtements : « Considérez les corbeaux : ils ne sèment ni ne moissonnent ; ils n'ont ni cellier ni grenier, et Dieu les nourrit » (Lc 12,24).

Dans la plupart des commentaires chrétiens, du fait de sa couleur, le corbeau symbolise le pécheur. Que la conversion se produise, « les péchés deviennent blancs comme de la neige » (Is 1,18). (Isaïe ne mentionne pas la noirceur des péchés, mais leur couleur écarlate.)

Le noir serait-il de mauvais augure ? Il évoque le chaos primitif et indifférencié, le nocturne, de ce fait la terreur et la mort. En revanche, si le noir est envisagé dans son aspect positif, le voici symbolisant l'initiation, le passage par le dépouillement. D'une certaine manière, il s'apparente au vide nécessaire pour l'acquisition de la plénitude. Ainsi le noir possède sa propre beauté. « Je suis noire mais belle », chante l'épouse du Cantique des

Cantiques, et elle ajoute: « C'est le soleil qui m'a brûlée » (1,5). Cependant le noir peut soulever l'inquiétude. Dans les Lamentations (4,8), le prophète Jérémie parle de visages devenus plus noirs que la nuit.

Le corbeau fait partie des animaux impurs impropres à l'alimentation. Il partage ce sort avec l'aigle, le vautour, l'orfraie, le milan, les différentes espèces de faucons, l'autruche, le chat-huant, etc. (Lv 11,13 sv). Dans l'ensemble, les rapaces se nourrissent de chair morte. Il convient de ne pas oublier qu'autrefois les personnes pouvaient mourir en plein air, seules, en voyage. Les cadavres risquaient d'être dévorés par les rapaces. Manger ces oiseaux, nourris non seulement de viandes avariées mais parfois de lambeaux humains, provoquait l'aversion.

Quant à son cri, la position soutenue par Augustin, dont l'influence sur les auteurs latins du Moyen Âge a été considérable, ne manque pas d'humour. Selon cet écrivain, s'inspirant de Suétone, le corbeau dit: *cras, cras, cras.* Il parle le latin! *Cras* signifie « demain ». Tel est le mot employé par le pécheur qui remet toujours au lendemain le changement de sa conduite et sa conversion.

En Orient, le symbolisme du corbeau n'est pas toujours négatif. Au Japon, sa présence est interprétée comme un signe de bon augure. Il remplit parfois le rôle d'un messager divin. Sa couleur n'est pas forcément sombre, mais grise ou rouge. De toute manière, cet oiseau évoque le soleil. Au Japon et en Chine, le corbeau, oiseau solaire, annonce le bonheur et la lumière. Dans les écoles japonaises, les petits enfants apprennent une chanson célébrant la tendresse du corbeau.

« *Le corbeau chante*
Mon chéri! Mon chéri! »

En Grèce, le corbeau était consacré à Apollon, dieu de lumière, fils de Zeus et frère jumeau d'Athéna. Le folklore celtique fait du corbeau un devin, un prophète et même un magicien. En France, le nom de la ville de Lyon, *Lugdunum*, est interprété par le Pseudo-Plutarque comme signifiant la colline des corbeaux. Un vol de corbeaux aurait indiqué aux fondateurs le lieu où devait se bâtir la ville. Par ailleurs, Lug (nom d'un dieu gaulois) était toujours accompagné d'un corbeau ! Et lors de ses chasses, Wotan (nom du dieu germanique Odin) était précédé de corbeaux : ses auxiliaires et émissaires.

En Chine, le corbeau oiseau du soleil se trouve parfois sur des bas-reliefs accompagné du « lièvre de la lune ». D'après une légende, dix corbeaux dans le soleil prodiguaient une chaleur épuisante pour les hommes. L'archer, nommé Hou Yi, parvint à faire tomber neuf corbeaux du soleil. Il n'en resta plus qu'un. Son originalité est d'avoir trois pattes. Or le corbeau à trois pattes est considéré comme le messager de la déesse Xiwang-mu à qui il apportait de la nourriture. Près des temples se tenaient jadis des corbeaux « divins » que les dévots nourrissaient[28].

Les naturalistes considèrent le corbeau comme un oiseau doué d'une rare intelligence et perspicacité. La communauté des corbeaux est soumise à des lois. Celui qui les enfreint risque d'être condamné à mort par ses congénères. Le corbeau signifie aussi la longévité. L'homme pourrait lui envier la longueur démesurée de son existence.

Qui l'aurait cru ! Selon la symbolique celtique, corbeau et roitelet forment un couple, l'un est guerrier et l'autre druide. Le véritable guerrier comporte un sens chevaleresque ; le druide personnifie le savant, le prêtre, le brahmane.

Voilà qui réhabilite le corbeau. Oiseau essentiellement communautaire. Sauvage mais capable de se familiariser avec l'homme. Guerrier, tout en possédant une naïve confiance qui le fait oublier qu'en l'homme perdurent l'hostilité et le besoin de tuer.

Dans les campagnes, aujourd'hui encore, les corbeaux sont le plus souvent confondus avec les freux et les corneilles. Le véritable corbeau est beaucoup plus grand et ne subsiste plus que dans les lieux sauvages.

En raison de la couleur de son costume, le nom de « corbeau » a été prononcé parfois en signe de dérision à l'égard des prêtres et des popes. On en fait aussi usage à propos de l'auteur de lettres anonymes, projetant ainsi volontiers sur lui une perversité tout humaine.

L'expression « aux corbeaux » se trouve employée par Aristophane, dans *Les Oiseaux*. Elle est utilisée pour éloigner l'importun ou le gêneur[29].

La chouette

Quiconque a pu voir de près les yeux d'une chouette et l'intensité de son regard subit une impression étrange. On dirait que cet oiseau plonge dans le monde intermédiaire, se tient à l'orée de l'invisible. Peut-être est-il capable d'en déchiffrer les secrets.

L'œil de la chouette possède une acuité parfaite. La pupille sombre, entourée d'un iris jaune clair, présente une immobilité émouvante du fait de sa fixité. Le visage sculpté évoque une face un peu hallucinante. S'agit-il d'un animal ou d'un personnage jugé cauchemaresque par les ignorants, et seulement énigmatique pour ceux qu'elle intrigue. On pourrait employer, à son propos, le terme *allochton* qui, issu du grec, signifie « non originaire du pays habité ». En fait, la chouette est bien autochtone. Toutefois, elle semble étrangère par son regard et son visage.

Avec un peu d'imagination , il serait possible de la rapprocher d'un *daïmon*. Non pas d'un démon maléfique et perturbateur mais d'un esprit source d'inspiration souverainement bénéfique.

À l'intensité de son regard correspond son ouïe d'une extrême finesse. La chouette perçoit les sons les plus ténus. Son conduit auditif est protégé des sonorités violentes par une sorte de clapet. En raison de sa forme et de sa rondeur, on pourrait penser que la chouette fait du bruit en volant. Il n'en est rien, son vol est silencieux. Quant à sa voix, il apparaît impossible de la qualifier. Elle ne ressemble à aucun cri d'oiseau. Il s'agit plutôt d'un rire. Un rire ironique? Peut-être! Plutôt un rire évoquant l'humour. Un sourire sonore non pas malveillant, mais accusant l'ignorance, non pas la sienne, mais celle d'autrui. Elle dénonce la superstition de ceux qui l'entendent en éprouvant une frayeur, voire une angoisse.

L'oiseau d'Athéna, emblème de la sagesse pour les Grecs, véhicule son mystère. Oiseau nocturne, privé de vision le jour, la chouette se meut avec aisance dans l'obscur. Avec elle surgit le thème de la nuit chanté par les poètes et les mystiques, c'est-à-dire par les amants des mystères. La nuit ne résulte pas uniquement d'une absence de clarté mais encore une fois d'un excès de lumière. On peut saisir la réalité de cette affirmation en se reportant à Denys le Mystique, à Novalis et à Jean de la Croix.

À l'époque médiévale, la chouette symbolise le méditant et le solitaire. Pour les chrétiens, l'oiseau d'Athéna

(Minerve pour les Romains) figure les dons de l'Esprit-Saint. Sept dons, allant de la Crainte de Dieu à la Sagesse, en passant par l'Intelligence, le Conseil, la Force, la Science, la Piété. L'animation par l'Esprit aboutit à la lumière. Ici, le symbole de la chouette apparaît subtil. La foi, le dévoilement des mystères se déploient dans l'obscurité. L'Éternel est inconnaissable dans la plénitude de sa clarté. Tout est tâtonnement lorsqu'on se dirige vers lui. Plus on se rapproche du divin, plus on prend conscience de son ignorance et, par conséquent, de sa propre nuit. Ainsi la théologie négative (apophatique) devient plus percutante que la théologie affirmative. Au sommet ce n'est pas le savoir qui domine, mais la « docte ignorance ».

Le rire de la chouette pourrait s'adresser à ceux qui croient savoir et qui ne dépassent point les franges de la banalité. La plénitude de la lumière n'est jamais acquise. Tout en louant la lumière, la nuit devient révélatrice.

L'interprétation des signes relève le plus souvent des légendes. Il en est ainsi pour la chouette. Mis à part les Grecs, qui en magnifiaient l'excellence, les Égyptiens, les Indiens et surtout les Romains considéraient cet oiseau sous un aspect maléfique. Les Chinois redoutaient sa présence. Celle-ci s'opposait au phénix annonciateur de bonheur. Selon un récit, d'origine chinoise, la chouette n'apprend à voler qu'après avoir crevé les yeux de sa mère. Cependant la très ancienne Chine louait la chouette pour ses « yeux de soleil », elle était parfois représentée sur le toit des maisons en tant qu'emblème protecteur contre les orages et le feu.

En Europe, les habitants des campagnes un peu isolées et demeurées superstitieuses conservent encore un sentiment d'horreur à l'égard du corbeau et de la chouette. Un jour viendra où la culture chassera une telle ignorance. Celle-ci aura, durant des siècles, perturbé la psyché de certains agriculteurs, ou encore d'individus angoissés, incapables de pouvoir dominer leurs pseudo-croyances d'ordre folklorique.

La cigogne

La cigogne a la réputation d'être affectueuse. Cependant, elle figure parmi les oiseaux impurs, c'est-à-dire non casher pour la consommation. Pourquoi ? Parce qu'elle ne dispense son amour qu'à sa famille. Elle manque de générosité[30].

L'orfraie

L'orfraie est un oiseau de proie diurne dont les cris sont réputés, d'où l'expression « cris d'orfraie ». L'Allemand Henri Khunrath parle de l'orfraie « porteuse d'un binocle et de flambeaux ». Son propos est significatif lorsqu'il écrit : « À quoi bon les flambeaux, la lumière ou les lunettes, puisque les gens ne veulent pas me voir ?[31] ». Ainsi, certains oiseaux sont porteurs de signes. L'initié et l'alchimiste savent en déceler le contenu. Toutefois, l'homme vulgaire non seulement ne cherche pas à déchiffrer un enseignement caché, mais il ne le remarque point.

Les oiseaux fabuleux

Les études modernes concernant les mythes et les symboles permettent de mieux saisir l'enseignement donné par certains oiseaux fabuleux. Ceux-ci remplissent un rôle au niveau initiatique. En montrer, même brièvement, la signification appartient au « langage des oiseaux ». Code secret, que tout homme peut découvrir lorsqu'il pénètre dans sa dimension de profondeur. Ce déchiffrement s'inscrit dans l'ordre universel. Devenir en capacité de le comprendre, « c'est détenir la clef des symboles »[32]. À cet égard, l'apport oriental apparaît plus dense que celui de l'Occident.

Le phénix

« Le phénix, image conceptuelle de la vie et de la mort », écrira Bachelard. Le premier chapitre des *Fragments d'une poétique du feu* aura pour titre : « Le phénix phénomène du langage[33] ». Cet oiseau légendaire « s'enflamme de ses propres feux ; il renaît de ses propres cendres[34] ». Telle est l'image essentielle que cet oiseau propose tout particulièrement aux poètes susceptibles d'en commenter le sens.

« Oiseau de feu », « flamme qui vole », « aile de l'éclair », sont les expressions employées par Bachelard à propos du phénix ; il ajoute ces mots suggestifs : « triomphe par la mort[35] ». Voici le symbole le plus éclatant du phénix : mort engendrant la résurrection, nécessité de mourir pour renaître.

D'où provient ce feu qui embrase le phénix? Son origine est-elle extérieure ou intérieure à l'oiseau? Possède-t-il ce feu dans ses flancs, ou est-ce le rayonnement du soleil qui fait de lui une torche vivante? Ces deux modes d'interprétation demeurent valables. Le principe du flamboiement se trouve en lui-même. Ou encore, il brûle grâce au soleil, car il possède une matière inflammable. Il serait possible de proposer ici un rapprochement entre le regardé et le regardant, l'œil et le soleil. Suivant la théorie de Plotin, l'homme devient ce qu'il contemple. En contemplant le soleil, l'oiseau prend feu. Mais cette communication-communion ne se produirait pas sans une parenté initiale entre l'oiseau et le feu.

Dans l'âtre, il importe d'animer la braise pour la mise à feu du bois qui la recouvre. D'où l'usage du soufflet. Soufflet suspendu près d'une cheminée, soufflet de la forge utilisé par le maître du feu, le forgeron. Double maniement du soufflet avec les ailes de l'oiseau brassant l'air sur son corps, sur les plumes qui le revêtent, centuplant ainsi la chaleur initiale d'une chair apte au flamboiement.

D'après Wolfram Eberhard, le phénix chinois (*feng-huang*) n'a rien de commun avec le phénix européen, sinon une commune origine mythologique. En tant qu'oiseau fabuleux, il est le souverain de tous les animaux à plumes et fait partie des créatures magiques : dragon vert, oiseau rouge, tigre blanc, tortue, guerrier sombre. Le phénix représente le masculin face à la licorne féminine qui s'inscrit aussi dans la liste des êtres jugés étranges en raison de leur rôle magique. Dans l'ancienne Chine, le phénix avait pour ancêtre une divinité du vent. Certains textes font allusion au phénix vermillon « né dans un trou de cinabre du pôle Sud ». D'où l'expression « phénix du mont de Cinabre », désignant le plus souvent le sexe féminin[36]. Le phénix protégeait les empereurs et se manifestait aux sages.

Chez les Égyptiens, nommé *bennou*, le phénix évoquait la splendeur du fait de ses brillantes couleurs. Il symbolisait les résurrections d'Osiris. Selon une légende, lorsque cet oiseau atteignait sa cinq centième année, il s'envolait vers Héliopolis. Sur un autel du temple du Soleil, recouvert d'aromates d'Arabie, le phénix élevait un bûcher et s'y consumait. Dans les cendres, un petit ver apparaissait qui se transformait en un jeune *bennou.*

Pour les Grecs, le phénix jouissait d'une immense renommée grâce aux écrivains qui propageaient de nombreuses légendes le concernant. Par l'intermédiaire des Grecs et des Romains, la symbolique du phénix fut adoptée par les chrétiens en faveur du Christ mort et ressuscité. Après avoir évoqué le Christ, il concerne aussi les chrétiens qui, après leur mort, doivent ressusciter. Introduit dans l'art du Moyen Âge, on le trouve, par exemple, sur les stalles de la cathédrale de Poitiers (XIIIe s.), il est célébré dans de nombreux bestiaires de l'époque médiévale.

Le symbole du phénix tiendra une place prépondérante dans l'alchimie ; il sera placé sous le signe du soufre et il fera son entrée dans l'héraldique[37].

Cet oiseau qui ne cesse de mourir et de renaître est à la fois cendre et vie. Cendre et vie possèdent leur parfum ; mort et résurrection exaltent leur propre odeur. Se référant aux études de J. Huleaux et M. Leroy[38], Bachelard dira que « le phénix est l'oiseau des aromates, le feu odorant[39] ». À ce propos, il évoque « les aigles des légions romaines... couvertes d'onguent[40] ». La mort arrache les masques. Contrairement à l'odeur délétère qu'elle véhicule, la victoire triomphante sur la mort comporte une aura parfumée. Ici le décès n'est pas un terme, mais le signe annonciateur d'une nouvelle ampleur.

Dans l'*Art hiératique des Grecs* de Proclus, l'héliotrope suit les mouvements du soleil. Le phénix est parent de cette fleur amoureuse du soleil. Les légendes assurent sa connivence secrète avec l'astre lumineux. Ainsi, le phénix correspond à l'homme de lumière. Le feu divin l'embrase et l'enflamme. Ce feu divin vient-il du dehors ou du dedans ? Nul ne le sait. L'homme est porteur, selon la Genèse, de l'image divine. La voici soudain irradiante. Tel le phénix, l'homme devenu lumière participe à une vie incandescente que la mort physique ne saurait abolir. Fleur, oiseau, homme deviennent lumière, brasier. Parfois le feu couve sous la cendre. Il est présent, même si l'œil distrait ne sait pas en capter la présence.

« Le phénix bat des ailes pour s'enflammer », dira Bachelard. Au-dessus de la première étincelle l'aile battante fait-elle office de soufflet ?[41] » L'oiseau frappe l'air ; de temps à autre il s'interrompt et plane les ailes déployées. Il en est ainsi du nageur qui suspend son mouvement dynamique pour faire la planche les bras étendus.

Le vol plané signifie repos, quiétude, silence. On pourrait évoquer à ce propos la contemplation. L'action remplit l'office d'un soufflet. Le battement des ailes apparaît nécessaire pour se maintenir dans l'existence. Il appartient à la condition animale et humaine de le renouveler constamment. Toutefois, cette fonction du soufflet, du battement des ailes est laborieuse, elle engendre la fatigue, voire l'épuisement. Alors survient le vol plané, la sobre ivresse (*sobria ebrietas*), disent les mystiques. Ce repos devient festif. Battement des ailes et arrêt de ce battement se succèdent. Ils désignent un envers et un endroit. Ce qui signifie qu'ils appartiennent à une seule entité.

Les Évangiles parlent de Marthe et de Marie en les présentant comme des sœurs. Ces deux femmes désignent plutôt la face active et la face contemplative d'un même personnage. La contemplation l'emporte sur l'action, le repos sur le mouvement, mais contemplation et repos apparaissent de peu de durée. Le parfait n'est pas éphémère mais furtif. Le silence est rapidement brisé. Telle est l'animation nécessaire à laquelle l'homme participe en tant qu'existant.

Le battement d'ailes coïncide avec le monde visible, le vol plané évoque l'éternité éclairant le temps tout en suspendant son cours. Aucune opposition entre ces deux états. Le premier prépare le surgissement du second, d'où leur liaison, leurs rapports, leur bonne entente.

Un texte résume les prérogatives de l'oiseau phénix. En effet, Pline l'Ancien relate la légende du phénix au Ier siècle de l'ère chrétienne. Au livre X de son *Histoire naturelle*[42], l'auteur fait allusion aux oiseaux multicolores d'Éthiopie et d'Inde. Parmi eux, le plus extraordinaire est le phénix. De la taille de l'aigle, cet oiseau fabuleux porte un « éclatant collier d'or », son corps est écarlate et des plumes roses ornent « l'azur de sa queue ». Pline cite les propos du sénateur romain Manilius. Consacré au soleil en Arabie, le phénix vit cinq cent quarante ans. Nul n'a pu le voir s'alimenter ; il absorbe de la lumière. Avant de mourir, l'oiseau construit un nid avec des branchettes de cannelier et d'encens, il y dépose des aromates. Après son décès un vermisseau se forme et devient un oiselet. Celui-ci remplit deux tâches consécutives. Tout d'abord, il rend les devoirs funèbres à son prédécesseur. Ensuite, il transporte le nid sur un autel près de Panchaïe, la ville consacrée au soleil[43]. Les multiples légendes, différentes dans leurs récits, s'accordent pour faire du phénix un amant de la lumière.

L'oiseau de paradis

Au Moyen Âge, on croyait volontiers que l'oiseau de paradis était uniquement pourvu d'ailes et d'une longue queue. On le pensait privé de pattes et par conséquent de pieds. Originaire du Paradis terrestre, de la grosseur d'une grive, cet oiseau merveilleux possédait des plumes d'une extrême brillance.

Toutefois, une question se posait à propos de sa reproduction. Deux thèses se présentaient. Selon la première, l'oiseau se trouvait obligé de voler sans pouvoir se poser. Il était censé se nourrir des parfums du vent, de la rosée et de dormir en volant[44]. Une semblable condition rendait impossibles à la femelle la ponte et la couvée. Comment aurait-elle pu déposer des œufs dans le vide et les tenir au chaud ?

D'où une interprétation qui ne manque pas de charme. Semblable à un nid, le mâle était porteur d'un creux sur son dos. C'est là que la femelle aurait déposé ses œufs avant de les couver. Pour se reposer, cet oiseau étrange se suspendait par ses plumes à la fine branche d'un arbre.

D'après Louis Charbonneau-Lassay, le plus ancien document concernant l'oiseau de paradis se réfère à une sculpture datant de la fin du XIIe-début XIIIe, où l'oiseau est représenté avec une tête et des ailes. Dans cette sculpture, les têtes de trois oiseaux sont dominées par des ailes ouvertes dont les extrémités se touchent[45]. Selon une version plus tardive, les paradisiers seraient non seulement dépourvus de pattes et de pieds, mais aussi d'ailes. Ils se propulseraient dans l'air et pourraient s'y maintenir grâce à leur énergie intérieure.

Cet oiseau appelé « oiseau divin », « oiseau de Dieu », devint l'emblème du Christ rédempteur et aussi de l'Esprit-Saint, puis de l'âme contemplative uniquement attentive aux biens célestes[46]. À ce propos, une phrase de Paulin de Nole (431) apparaît éclairante : « En germant en nous, la semence de la parole divine nous transforme en oiseaux[47]. » Ce qui signifie que l'enseignement divin opère une transformation : de terrestre, l'homme devient céleste.

La sîmorgh

Cet oiseau fabuleux attire encore l'attention[48]. Dans la pensée soufie, fidèle à la tradition de l'ancienne Perse et transmise à l'Iran islamique, il remplit un rôle essentiel ; la sîmorgh est le symbole de l'Ange Esprit-Saint. Ainsi la sîmorgh correspond à la colombe du judéo-christianisme figurant le Saint-Esprit. Remarquons que l'oiseau « la sîmorgh » est féminin. Or dans de nombreux textes, et encore au Moyen Âge, on trouve parfois l'emploi du féminin concernant l'Esprit-Saint. Par exemple : « L'Esprit-Saint notre Mère ».

Grâce aux travaux d'Henry Corbin, nous connaissons l'importance de la sîmorgh. Cet oiseau mystérieux se tient sur la montagne Qâf. Celle-ci est une montagne cosmique qui englobe onze montagnes et l'arbre Tûbâ, « le Joyau qui illumine la nuit[49] ». Le voyage à la montagne Qâf signifie le pèlerinage que le mystique doit accomplir. « Entre départ et arrivée, un grand événement aura changé toutes choses. Le moi que l'on retrouve là-bas, au sommet de la montagne de Qâf, c'est le Moi supérieur, le Moi à la seconde personne, dans le face à face auquel atteindra le pèlerin du récit de l'exil occidental[50]. » Ainsi l'aventure humaine consiste à découvrir sa dimension divine animée par l'Esprit. L'existence n'a pas d'autre but.

Ce sens de la montagne cosmique se présente aussi dans le christianisme. Ainsi, au Moyen Âge, on disait volontiers d'un garçon entré dans un monastère : « Il est parti pour la montagne », ce qui signifiait que le jeune homme s'adonnait à la quête de Dieu.

L'importance de la sîmorgh se trouve particulièrement décrite dans un récit de Sohravardî. Cet oiseau des récits initiatiques désigne « la face impérissable de chaque être[51] ». Telles sont sa grandeur et son originalité. La sîmorgh remplit un rôle médiatique. Elle symbolise l'homme parfait, c'est-à-dire celui qui a pu franchir le seuil conduisant à la délivrance, ce qui signifie l'au-delà des sens extérieurs et des passions, l'entrée dans le contenu des mystères.

Henry Corbin a traduit du persan plusieurs textes de Sohravardî qui font allusion à la sîmorgh, en particulier *L'Incantation de la sîmorgh*[52]. Ce récit présente un oiseau mystique, qui se nourrit de feu et qui n'appartient ni à l'Orient ni à l'Occident. Son symbole se situe au-delà des points géographiques repérables sur un atlas. Son chant peut sembler magique car il provoque tout d'abord une expérience musicale à laquelle succède une expérience libératrice. Cette expérience musicale déclenche une connaissance intérieure donnant accès à un monde nouveau. Le chant de la sîmorgh est à rapprocher du chant du cygne. Ce dernier fait entendre des sons merveilleux avant de mourir. Or Socrate nous apprend (*Phédon* 84ᵉ-85ᵉ) que l'oiseau d'Apollon émet des accents d'allégresse lorsqu'il éprouve la proximité de son décès. Il célèbre sa joie devant son union prochaine avec Dieu.

Ce n'est plus l'oreille physique qui capte les sons,

mais l'oreille intérieure. Il s'opère un dévoilement. Ce qui est secondaire s'estompe au profit de l'essentiel. D'où le passage de la théologie d'école à la mystique. « Quiconque cherche Dieu par les démonstrations est pareil à celui qui chercherait le soleil avec une lampe[53]. » Peu à peu, l'approche du mystère provoque la présence de la *Sakîna* (*Shekhina*, pour les Hébreux). La lumière divine, c'est-à-dire la lumière de gloire, apparaît : d'où les visions de lumière.

Ainsi le chant de la sîmorgh produit, dans le cœur de l'homme l'éveil de la dimension divine. L'amour de l'ami répond à l'amour de l'aimé. Un mystique s'écriera : « Mon cœur a vu mon Seigneur. » Un disciple, éprouvant une immense douceur, pourra dire : « Ô brise de la proximité », « Ô brise de l'Esprit »[54]. On pourrait écrire : « Ô merveille de la sîmorgh ! »

Nous ignorons la couleur de son plumage et sa grosseur. Tout l'accent est mis sur son chant qui formule un appel : « Venez, mettez-vous en route. Ne perdez pas de temps pour tenter la grande aventure. »

Troisième partie

L'OISEAU DANS LA CULTURE

L'oiseau dans l'art roman. – Olivier Messiaen. – Jérôme Bosch. – Léonard de Vinci. – La littérature. – L'imaginaire. – Les contes. – Histoires de perroquets. – La poésie. – La poésie japonaise. – L'alchimie. – Vol et ascension. – La mystique. – Hadewijch; Jean de la Croix; Tzzidin Al-Muqaddasi; Mohiddin Ibn Arabî; Toukârâm; Upanishads du yoga. – L'oiseau et le moine. – L'oiseau et l'ange. – L'oiseau et l'arbre intériorisé. – L'oiseau dans la symbolique.

« L'oiseau intériorisé
annonce une nouvelle aurore. »

ANONYME.

L'oiseau est présent dans l'art, qu'il s'agisse de sculpture ou de musique. Les peintres l'affectionnent. Perché sur la branche d'un arbre ou d'un feuillage, posé délicatement en bordure d'une fleur, l'oiseau anime un tableau, lui confère une indéniable beauté. Soutenu dans son vol par l'air, l'oiseau concrétise un espace. Il est célébré par les écrivains dans la littérature et les poètes le chantent.

Plus encore, l'oiseau appartient au domaine de l'imaginaire, de l'étrange, du rêve, du fantastique. La psychanalyse l'interprète à sa manière. Pour les alchimistes, l'oiseau possède une signification particulière. Quant aux mystiques, l'oiseau, frère de l'ange, est pour eux porteur de secrets. Alors ils le regardent avec des yeux éblouis.

Dans ce propos, les exemples cités ici et là ne répondent pas à une démarche exhaustive. Mis à part certains artistes et auteurs, qu'il convenait d'interroger, ils ont été retenus au hasard des lectures. Tels qu'ils sont présentés, ils offrent un éventail susceptible d'établir des points de repère permettant une vision globale de l'importance et du rôle de l'oiseau.

L'oiseau dans l'art roman

L'église romane présente un immense espace débordant le cadre qui lui semble assigné. Elle établit un pont entre le temps et l'éternité. Sa fonction est de relier le visible à l'invisible. Dès le porche de l'édifice roman, l'homme unifié perçoit l'écho des deux mondes qui non seulement se prolongent l'un l'autre mais ne cessent de s'unir.

Dans l'église romane, l'œil visionnaire acquiert son acuité. Il se mêle à l'entendement reçu par l'ouïe. Les sens extérieurs s'éclipsent au profit de ceux du dedans reliés aux mystères. D'où la révélation des secrets.

L'oiseau fait partie du bestiaire roman. Avec les différents animaux représentés, l'Orient et l'Occident se rejoignent. Les monstres ailés ne manquent pas. Ils présentent une parenté avec les oiseaux. Les harpies possédaient une tête de femme et un corps d'oiseau. Leur fonction consistait à vampiriser, à tourmenter, à semer la terreur. Seul le vent, souffle de l'Esprit, parvenait à les disperser et à les chasser de façon définitive.

Les sirènes-oiseaux séduisaient par leurs chants. Homère fait allusion à ces formes étranges : femmes au-dessus de la ceinture, oiseaux ou poissons au-dessous. Le chant des sirènes, semblable à l'action des lotophages, provoquait l'oubli dans le cœur de l'homme. Ulysse est obligé de s'attacher au mât du navire, sinon, oubliant le motif de son voyage, il rejoindrait ces merveilleuses créatures dont il subissait l'enchantement.

Ces monstres sont présents dans l'art roman ainsi que les sirènes. Les uns dévorent un enfant (église Saint-Pierre-de-Chauvigny, XIIᵉs.); les autres chantent à l'abbaye de Cunault (XIIᵉs.).

L'oiseau est à la fois ornement et symbole. Il apparaît solitaire et aussi en couple. Il représente l'âme ou encore un signe ailé ayant pour fonction de rappeler à l'homme sa vocation ascensionnelle. Dans ce cas, l'oiseau ne porte aucun nom particulier. Le sens qu'il représente suffit. Toutefois, les oiseaux les plus significatifs au niveau traditionnel (aigle, phénix) apparaissent fréquemment dans les églises.

Sculpté dans la pierre, l'oiseau semble muet. Le silence possède son langage. Tout homme, capable de relier le visible à l'invisible, entend le message donné par les oiseaux. En effet, les images taillées s'éveillent. Il en est ainsi pour les végétaux, les animaux, les divers personnages de l'Ancien et du Nouveau Testament. La création s'anime et la pierre chante lorsqu'elle s'éprouve à l'unisson de celui qui la contemple. Chanter signifie livrer son message à celui qui est en capacité de le recevoir. Sinon le passé, totalement figé, serait dépourvu de sens à l'égard du présent. Porteur de vie, l'homme donne un sens à ce qu'il voit et tente de déchiffrer.

La clef de la lecture n'est pas à la portée de tous. Le dépassement de l'histoire s'impose. Les signes ne peuvent acquérir la plénitude de leur sens que dans la mesure où la lettre s'efface au profit de l'esprit. L'église romane symbolise l'homme. Ce n'est pas le nombril en tant que milieu du corps qui désigne le lieu essentiel, mais la poitrine dans laquelle se situe l'arche du cœur[1]. Dans l'homme microcosme, toute la création est présente. Il importe donc de connaître la dimension humaine pour saisir les différents éléments de l'univers.

Dans l'art roman, l'aigle se trouve fréquemment dans de nombreuses églises[2]. Il ne s'agit pas d'une création médiévale. L'Antiquité confère à l'aigle une fonction importante. On le voit par exemple sur les anciens monuments funéraires; il est accompagné de « la couronne de vie ». Celle-ci évoque le disque solaire[3]; il est donc normal de la retrouver près de l'aigle dont la vue perçante symbolise l'« œil qui voit tout », c'est-à-dire le « dieu veillant ». Décrivant une stèle du musée du Capitole, F. Cumont signale une colonne sur laquelle un aigle tient dans son bec une couronne[4].

Après l'aigle, le phénix s'impose. Oiseau fabuleux dont le prototype égyptien sera considéré comme un oiseau sacré à partir d'Origène. L'oiseau se trouve aussi perché sur une branche de l'arbre de vie. Celui-ci correspond à l'arbre du monde. Tel l'oiseau, l'arbre de vie est un signe ascensionnel, équivalent à l'échelle ou à la montagne. L'image de l'arbre sacré se retrouve sur les chapiteaux de Moissac, de La Charité-sur-Loire; elle est parfois gardée par des lions ou des oiseaux (chapiteau de la nef de Paray-le-Monial, de Saint-Aignan dans le Loir-et-Cher), de Brive, etc.)[5].

Dans le livre d'Hénoch, le phénix est cité. Durant son ascension, Hénoch traverse le quatrième ciel. Il voit le char du soleil tiré par deux esprits volants, dotés chacun de douze ailes. Ils présentent une apparence d'oiseaux, l'un en phénix, l'autre en halkedra. Lorsque survient la huitième heure de la nuit, les anges remettent au soleil sa couronne. Aussitôt le phénix et la halkedra manifestent leur joie en récitant des poèmes. Les oiseaux battent des ailes et célèbrent la beauté de la lumière par leurs chants[6].

La colombe est l'oiseau représentatif de l'Esprit[7];

d'où son importance. Les mosaïques et fresques romanes obéissent à des lois identiques. Une précision doit être retenue à propos de l'art sacré. Le nimbe qui entoure la liste des personnages divins, telles les Personnes trinitaires, s'applique parfois aux animaux, par exemple aux oiseaux. Le dragon lui-même peut apparaître nimbé. Le nimbe présente toujours une signification solaire[8]. Cet héritage de l'Antiquité se trouve constamment présent à l'époque médiévale. Il s'inscrit d'une façon analogue au symbole de l'aile.

L'ampleur de l'art roman se révèle considérable à propos de l'apport oriental et occidental. Une remarque d'Henri Focillon en signifie la vastitude : « Le génie d'une grande pensée monumentale fixe l'accord d'une poétique et d'une technique, d'une spéculation et d'un langage. Plus que jamais l'esprit de la forme définit la forme de l'esprit[9]. »

Durant l'époque médiévale, les bestiaires furent nombreux. Parmi les plus réputés, il convient de retenir ceux de Pierre de Beauvais et de Philippe de Thaon. Un *Avarium*, qui énumère les oiseaux, est attribué à Hugues de Fouilloy. Hugues de Saint-Victor et Hugues de Fouilloy évoquent les animaux dans un contexte évangélique. Les *Étymologies* d'Isidore de Séville s'inspirent de l'*Histoire naturelle* de Pline, elles auront un grand succès. Au XIIIe siècle, Vincent de Beauvais et Barthélemy l'Anglais tentent de dégager, de leurs commentaires, les propos concernant les divers animaux. En effet, il s'agit toujours pour les auteurs de proposer un enseignement religieux à portée moralisatrice.

Le *Bestiaire d'Oxford*, considéré comme un des manuscrits les plus représentatifs du Moyen Âge, a été composé au début du XIIIe siècle. Il contient de très belles miniatures qui ont été reproduites dans une édition récente[10]. « Faux savoir zoologique », écrira le commentateur de ce texte imagé. Il ajoutera : « Rien de plus arbitraire que ce système culturel qui va enfermer la pensée occidentale dans une ménagerie orientale[11]. » L'Occident communique avec l'Orient dans l'art, la littérature et les légendes.

Olivier Messiaen : chants d'oiseaux et musique

> « *Entendre sur cette Terre*
> *les sons de l'invisible,*
> *c'est une joie extraordinaire.* »
>
> MESSIAEN.

L'amour de Messiaen pour les chants d'oiseaux provient de son orientation vers le monde invisible. Dans sa vie et dans son œuvre, il apparaît suspendu à un au-delà de la temporalité. À travers l'espace, il cherche des passerelles. Celles-ci brisent les clôtures, engendrent une béance. Une porte roule sur ses gonds, une fenêtre s'entrouvre sur l'inconnaissable. L'audition des mélodies d'oiseaux conduit au non-vu. Aucun face-à-face, et cependant, grâce à l'ouïe, jaillit une intuition fulgurante de la vision future. Ainsi se trouve concrètement commenté le propos de Bernard de Clairvaux ayant trait à l'antériorité de l'audition sur l'œil durant le passage terrestre. « Il éveille mon oreille », souligne le prophète Isaïe (50,4) et le Psalmiste conseille : « Écoute, ma fille, et vois. » Il serait possible de gloser ce texte, en disant : « Écoute les chants des oiseaux. Laisse-toi envahir... et tu seras transporté hors du monde visible. »

Non seulement un nouvel espace s'ébauche, mais

l'existence se trouve modifiée. Messiaen écrit : « ... J'ai un bon remède contre la fatigue : dès que j'entends un chant d'oiseau, je récupère mes forces et j'oublie mes soucis. Je peux être mourant, si j'entends un chant d'oiseau je suis guéri. Je ne souffre alors ni du froid, ni de la chaleur, ni de la faim : j'écoute l'oiseau[12] »

« Écouter l'oiseau. » Tout dépend de la qualité de l'écoute. L'oreille se doit d'être à la fois musicienne et captée par l'invisible. Deux conditions étroitement soudées, se parachevant l'une l'autre.

Pour entendre les différentes espèces d'oiseaux, Olivier Messiaen devient un infatigable voyageur allant de continent en continent. En dehors de l'Europe, il visite principalement le Canada, Israël, le Japon, la Nouvelle-Calédonie, les Amériques, etc. Il note les sons sur une portée musicale, tandis que sa femme, Yvonne Loriod, enregistre. Le travail consistera ensuite à vérifier les correspondances.

Messiaen évoque « les mystérieuses résonances des sons dans le monde des couleurs », ainsi « musique et couleur sont intimement liées ». Chaque couleur suscite sa complémentarité dans l'œil qui la contemple. La résonance agit semblablement pour l'oreille ; les notes perçues provoquent des harmoniques autour de la tonalité fondamentale. Le musicien s'explique d'une façon claire : « Lorsque j'entends de la musique, je vois intérieurement des complexes de couleurs correspondant aux complexes de sons ; il est donc normal que je me sois intéressé à la couleur en même temps qu'aux sons[13]. » Ce rapport entre le son et la couleur qu'il suscite remplit son rôle dans la musique, y compris pour les chants d'oiseaux.

Dans *Musique et couleur*, Messiaen explique à son interlocuteur l'aspect territorial du chant de l'oiseau. Celui-ci chante afin d'affirmer la propriété d'une branche, d'un nid, d'une femelle. Qu'un intrus se présente, il sera chassé par des chants et des cris. Plus encore, le chant exprime l'amour, la séduction. Les modulations de la voix du mâle attirent l'attention de la femelle ; la voici conquise par la beauté. Comment pourrait-elle résister à des accents remplis de tendresse, formulant des appels ? La période amoureuse du printemps provoque les mélodies, les parades nuptiales, la luminosité des plumes.

Messiaen parle des chants gratuits. On pourrait évoquer ici les chants « sans pourquoi », pour le seul plaisir de magnifier le soleil, le ciel bleu, la verdure, les parfums printaniers.

Une troisième motivation pourrait encore être retenue, elle concerne un langage musical s'appliquant à la communication. Celle-ci concerne le plaisir, la nourriture, la crainte, voire la frayeur éprouvée devant le danger. L'oiseau prévient ses confrères de l'imminence d'un péril. Il peut exister des querelles, des différends, même entre les oiseaux d'espèces identiques. Toutefois, le cri d'alarme s'adresse à la communauté entière des oiseaux, elle est entendue et comprise par tous[14].

L'ami des oiseaux évoque le génie de la grive dont le chant présente un caractère incantatoire. Cette extraordinaire musicienne invente des strophes qu'elle répète plusieurs fois de suite avant d'en présenter de nouvelles. La variété de ses mélodies semble illimitée. Cependant, elle se fait reconnaître par son timbre et son rythme[15].

L'alouette des champs ne se perche pas sur une branche pour dormir, elle couche sur le sol protégée par une touffe d'herbe. Merveilleuse musicienne, que les Gaulois avaient prise comme emblème, l'alouette chante en volant. De cet oiseau dont le vol est vertical pour sa montée et en piqué pour la descente, Messiaen dira qu'elle passe d'une note aiguë au grave, « comme les *climacus resupinus* du plain-chant[16] ». Entre les deux mouvements, la mélodie se déroule en guirlandes et arabesques.

Quant à la fauvette, que le musicien affectionne car il y revient souvent, elle s'exprime de façon différente suivant son lieu d'habitation. Celle des Pyrénées-Orientales n'a pas le même chant que sa congénère située en Grèce.

On compte environ douze mille espèces d'oiseaux, dont cinq cent cinquante habitent l'Europe. Et chaque espèce possède son chant particulier. Messiaen affirme qu'on reconnaît la présence du merle, de la grive, du rossignol de la même manière qu'à une audition classique on s'écrie : « C'est du Mozart ! C'est du Debussy ! C'est du Berlioz ![17] »

Dans de nombreux cas, le chant est inné. Dans d'autres, tel le pinson, il est le fruit d'un apprentissage sous la conduite du père. Parlant du merle, Messiaen précise qu'à chaque printemps le merle augmente son répertoire de motifs mélodiques nouveaux. Un vieux merle offre ainsi un clavier plus étendu qu'un jeune merle chanteur lors de ses premiers printemps.

Il suffit d'évoquer les titres des œuvres de Messiaen pour se rendre compte de l'importance donnée aux oiseaux. Même lorsqu'ils ne sont pas nommés (*Le Merle noir*, *Réveil des oiseaux*, *Oiseaux exotiques*, *Catalogue d'oiseaux*, *La Fauvette des jardins*), ils sont présents.

Dans l'opéra – en trois actes et huit tableaux – consacré à saint François d'Assise, la nature et ses chanteurs remplissent un rôle essentiel. Chaque personnage est signifié par un chant d'oiseau. On reconnaît ainsi la voix du merle noir, de la grive, de la fauvette de Nouvelle-Calédonie, même du faucon crécerelle. Lorsque l'ange musicien apparaît, une viole à la main, les chants des oiseaux ont préparé l'auditeur à sa venue en l'entraînant vers la dimension divine à la fois merveilleuse et voilée. Les mélodies des oiseaux apaisent, elles provoquent l'abandon des soucis quotidiens. Ensuite une joie subtile naît. Elle s'ébauche tout d'abord puis se déploie.

L'ange de Messiaen imite l'oiseau. Il donne l'impression de « danser sans toucher terre », tels les anges de Fra Angelico[18].

L'évocation de l'oiseau aide à comprendre la splendeur et la sainteté des anges. Elle permet aussi de saisir la signification des corps glorieux : « D'abord le chant des Anges et des Saints, dépouillé, très pur. Puis "milieu" sur le chant des oiseaux, donnant lieu à une écriture de piano plus brillante... chants de rossignols, merles, pinsons, fauvettes, et leur turbulent et souriant mélange[19]. » Faisant allusion à son enfance, Messiaen avoue : « Les fées, les fantômes et les sorcières de Shakespeare ne me surprenaient pas... Aussi quand j'ai compris plus tard les qualités des "corps glorieux" : la subtilité, l'agilité, l'impassibilité, la clarté, je n'ai fait que passer de l'imagination à la réalité[20]. » À cette réalité, le compositeur consacrera une de ses œuvres d'orgue. Le point de départ d'une telle connaissance provient de l'attention donnée à l'oiseau.

Parmi les musiciens, c'est à Messiaen que revient la meilleure imitation des chants d'oiseaux. À cet égard, ses prédécesseurs sont peu nombreux : Vivaldi et son chardonneret, Couperin et le rossignol chantre de l'amour, Beethoven avec sa *Symphonie pastorale*[21]. Dans un poème peu connu, *Antienne de la conversation intérieure*, le musicien, devenu poète, révèle le secret de la mystérieuse rencontre entre le visible et l'invisible :

« *Que le ciel parle en moi, rire, ange nouveau,*
Ne me réveillez pas : C'est le temps de l'oiseau[22]. »

« Le temps de l'oiseau » correspond à un au-delà du temps : « L'abîme, c'est le Temps, avec ses tristesses, ses lassitudes. Les oiseaux, c'est le contraire du Temps ; c'est notre désir de lumière, d'étoiles, d'arcs-en-ciel et de jubilantes vocalises[23]. »

C'est pourquoi dans cette « musique théologique » que l'auteur a choisie en opposition à la "musique mystique", Messiaen écrit :

« *L'unique oiseau de l'Éternité, c'est vous*[24]. »

Jérôme Bosch : peinture d'oiseaux

À propos de l'oiseau, l'œuvre du peintre hollandais Jérôme Bosch (†1516) doit retenir l'attention. Jacques Chailley lui a consacré une étude d'une extrême importance à laquelle ces pages se réfèrent[25].

Le plus souvent, Jérôme Bosch se moque, il ironise. Non seulement il s'élève contre les dévots hypocrites, mais il dénonce aussi le jeu de certains alchimistes qui, semblables à des illusionnistes, abusent de la crédulité des ignorants. Rappelons pour mémoire que l'œuvre alchimique utilisait deux méthodes : l'une masculine (voie sèche), l'autre féminine (voie humide). La première possédait pour symbole le moulin à vent pourvu d'ailes ; la seconde était signifiée par un cours d'eau. Chez Bosch, l'envol des oiseaux est toujours relatif à la *sublimation*, tandis que la descente des volatiles correspond à la fixation. Durant l'opération alchimique, les teintes se modifient, Bosch les représente par les diverses colorations des plumages.

Dans son œuvre, mis à part le phénix désignant la pierre philosophale, Bosch retient surtout le caractère maléfique de certains oiseaux. Ainsi le hibou signifie le diable[26]; la chouette, messagère funèbre, symbolise l'au-delà. Or le monde invisible ne cesse d'observer l'homme. Nichée dans l'arbre creux, qui est un arbre mort, la chouette avec son œil rond figure cette implacable surveillance. Celle-ci se trouve décuplée par l'arbre creux pourvu d'une multitude d'oreilles et d'yeux.

Cet arbre creux, qui est donc un arbre mort, évoque le vase alchimique, le vaisseau, l'athanor en qui la transmutation doit nécessairement s'élaborer : feu, cendre, résurrection se succèdent. Le corbeau est souvent le veilleur de l'opération.

La qualité du corbeau nourricier, dont parle la Bible, est omise. Bosch préfère souligner son rôle lors du Déluge, quand la terre est encore inondée, donc dans le malheur. Tout oiseau noir, dont les formes sont plus ou moins fantaisistes, évoque un pouvoir malfaisant. Même les oiseaux blancs ne signifient pas nécessairement un heureux présage. Le plumage extérieur peut cacher la noirceur de la chair. Il en est ainsi, dans certains cas, du cygne. L'hypocrisie n'appartient pas seulement à l'homme, elle peut se trouver aussi chez l'animal. Cependant le blanc *(albedo)* représente l'innocence et le noir *(nigredo)* la putréfaction.

Avec la pie, le blanc et le noir se jumellent. L'image peut symboliser les deux opérations de l'œuvre alchimique, ou encore désigner un mélange nocif. Lors du jugement, un ange apporte la bonne nouvelle du pardon aux pécheurs repentis. La pie tient dans son bec la condamnation des pécheurs endurcis dans leur erreur. Les Hébreux avaient en horreur tout ce qui s'apparente à une mauvaise association. C'est pourquoi il est demandé de ne pas atteler ensemble le bœuf et l'âne. Ce comportement passera dans l'alchimie. L'opposition entre ce qui rampe et ce qui vole sera toujours maintenue. Le reptile volant est considéré comme un monstre. Or les oiseaux monstrueux ne manquent pas dans l'œuvre de Jérôme Bosch.

Quelques exemples seront ici retenus afin de pouvoir y distinguer la symbolique de l'oiseau.

Avec *Le Concert dans l'œuf*, les musiciens sont d'une extrême laideur. Il convient de le noter afin de ne pas croire que les oiseaux monopolisent le négatif. Une chouette coiffe une femme pour souligner le malheur qui l'accable. Deux arbres morts prennent racine dans l'œuf. De la branche de l'un pend un serpent défunt. Sur l'autre est perchée une pie. Un oiseau pourvu d'une tête de singe s'échappe de l'œuf[27].

Dans *Allégorie des deux pénitences*, la présence d'un oiseau noir fait comprendre qu'il s'agit de putréfaction, tandis que le fleuve du vice est gardé par un corbeau[28]. La méchanceté est parfois signifiée par un oiseau dont le bec est ouvert d'une façon agressive.

On trouve dans l'œuvre de Bosch une malédiction des quatre éléments. Elle s'inscrit lors du voyage initiatique. À la malédiction de l'air correspond la chute des anges[29]. Sous le Christ trônant dans les nuées, la présence de nombreuses ailes évoque le combat livré entre les bons et les mauvais anges. Ces derniers en tombant sur la terre provoquent sa pollution. Ainsi, la malédiction de l'air va s'étendre à tous les éléments. Peut-être pourrait-on considérer les mauvais anges comme les prototypes des « mauvais oiseaux ». L'ange et l'oiseau possèdent en soi un aspect non seulement positif mais essentiellement bénéfique. Du fait de la présence en lui des contraires, tout symbole est polyvalent. Les bons anges et les « bons oiseaux » coïncident avec la lumière. L'obscur, le ténébreux, le monde des passions se trouvent signifiés par les mauvais anges et leurs doubles terrestres, les oiseaux impurs. Toutefois, la notion d'impureté que véhiculent certains oiseaux ne correspond pas forcément à la distinction apportée par les Hébreux. Il ne s'agit pas ici de mentionner une chair comestible ou non, mais de retenir la symbolique des différents oiseaux et de leurs rôles dans la Création.

L'imprévu, l'inusité se présente parfois chez les peintres. Ainsi, dans un des volets du polyptyque d'Issenheim, de Matthias Grünewald (XVe siècle), le regard discerne un pied, porteur d'yeux et d'ailes.

Léonard de Vinci : l'oiseau modèle

Dans une éloquente préface, Paul Valéry a magnifié Léonard de Vinci : « Il y eut une fois quelqu'un qui pouvait regarder le même spectacle ou le même objet, tantôt comme l'eût regardé un peintre, et tantôt en naturaliste ; tantôt comme un physicien, et d'autres fois comme un poète ; et aucun de ces regards n'était superficiel[30]. »

Si on retient uniquement le thème qui fait l'objet de cette étude, celui des oiseaux, c'est avec une totale admiration qu'il convient de lire les propos de Léonard concernant les volatiles. Valéry a raison : à la vision du peintre s'ajoute le regard du naturaliste, du physicien et du poète. L'oiseau est « vu » dans sa totalité. Ce qui lui est le plus essentiel est retenu : le vol.

Léonard de Vinci ne cesse d'observer ce qu'il regarde. D'où les thèmes abordés. En voici quelques-uns :

« Pourquoi le poisson dans l'eau est-il plus rapide que l'oiseau dans l'air, alors que le contraire devrait se produire, attendu que l'eau est plus pesante et plus dense que l'air, et le poisson plus lourd et muni d'ailes plus petites que l'oiseau ?[31] »

« ... l'eau étant en soi plus dense que l'air, elle est par conséquent plus lourde et plus prompte à combler le vide qu'a laissé derrière lui le poisson[32]. »

« La pupille de l'œil adopte autant de dimensions différentes qu'il y a de différences dans les degrés d'éclat et d'obscurité des objets qui se présentent devant elle. » La pupille se dilate ou se contracte suivant l'obscurité ou la lumière. On peut constater « ce phénomène chez les animaux nocturnes : chats, chats-huants, hiboux... dont la pupille, petite à midi, est très dilatée la nuit... il en va de même pour les bêtes terrestres, aériennes ou aquatiques, mais incomparablement davantage pour les nocturnes[33] ».

Comment expliquer l'œil des oiseaux nocturnes ? Ceux-ci voient plus distinctement la nuit que le jour. « Cela tient, précise Léonard, à la dimension de leurs yeux, supérieure à celle du cerveau entier, particulièrement dans le cas des hiboux, chats-huants, chouettes, ducs et autres similaires[34]. »

L'oiseau est étudié en tous ses divers comportements. Veut-il s'élever, il va battre des ailes en remontant les épaules et en ramenant vers lui les exiguïtés de ses ailes ; l'air condensé servira à la montée de l'oiseau. Capable de discerner le souffle du vent, l'oiseau sait l'utiliser. Descendre est comparable à un repos. Le vol plané possède son importance[35].

On peut se demander comment l'oiseau n'est pas parfois renversé par la violence du vent. Léonard répond en détail à cette question. L'instinct du volatile, son savoir et sa constante adaptation aux conditions de l'air, révèlent une attention, un état de veille, voire une vigilance. L'équilibre est constamment maintenu. « L'oiseau emploie ses ailes et sa queue dans l'air comme le nageur ses bras et ses jambes dans l'eau[36]. »

Comment ne pas s'étonner de l'adresse de l'oiseau capable de faire face aux situations les plus périlleuses causées par le vent. Mais on est plus stupéfié encore par les observations de Léonard de Vinci. Non seulement il explique les différentes conditions du vol, mais il sait comment les différencier suivant les espèces d'oiseaux.

Nous apprenons ainsi que « le vol des oiseaux migrateurs se fait avec le vent, non en vue d'accélérer leur mouvement mais parce qu'ainsi il est plus durable et moins fatigant[37] ». En effet, remarque Léonard, les oiseaux épousent le courant du vent, « parce que ce courant en les enveloppant écarte du dos leurs plumes et refroidit la chair mise à nu[38] ».

Il est naturel à l'homme de vouloir briser les interdits qui forment pour lui des frontières. Voler, marcher sur l'eau a toujours hanté ses rêves. Après avoir utilisé le vent, l'eau, le truchement des ressorts, l'usage des moteurs a pu lui permettre de réaliser ses phantasmes les plus fous. Ceux-ci risquaient, aux yeux des ignorants, de passer pour diaboliques en raison du prodige que ces fabrications semblaient produire. Ce qui provenait d'une connaissance d'ordre scientifique fut parfois ainsi attribué à des magiciens. À ce propos, il convient de saisir l'importance des *Carnets* de Léonard de Vinci. Ce peintre réputé, qui semblait chimérique à certains de ses contemporains, pourra, dès la fin du XVᵉ siècle, annoncer les futures machines volantes en étudiant le vol des oiseaux et son rapport avec le vent. Encore une fois, l'attention vouée à l'oiseau apparaît stupéfiante. Les détails les plus ténus deviennent l'objet d'une réflexion. Ce n'est pas seulement à l'égard de la symbolique de l'oiseau qu'apparaît significative la longue étude de Léonard consacrée au vol[39]. Il s'agit de prendre une claire conscience des comportements de l'oiseau ; ils serviront à construire une machine volante qui pourra se mouvoir avec aisance dans l'air.

S'inspirant d'anciens bestiaires, Léonard de Vinci retient spécialement les « vertus » de certains oiseaux en soulignant leur originalité[40]. Ainsi, la huppe montre sa gratitude envers ses parents devenus vieux. Elle leur construit un nid, les soigne, les nourrit et leur arrache les plumes usées. Par la qualité de certaines herbes, le couple de vieillards retrouve une certaine prospérité[41].

Le phénix sait qu'il doit ressusciter. Il supporte aisément la brûlure des flammes et se montre constant dans sa propre sérénité. À l'opposé, le martinet s'agite, la moindre gêne l'afflige[42]. Le faucon orgueilleux s'attaque à tous les oiseaux de proie, y compris à l'aigle. Toutefois, il préfère jeûner plutôt que se nourrir d'oisillons[43]. L'aigle se montre généreux, il abandonne toujours une partie de ses victimes aux oiseaux incapables de chasser[44]. La tourterelle est renommée pour sa chasteté, lorsque le décès de son compagnon la réduit au veuvage. Durant leur vie commune, elle opte pour une totale fidélité[45]. Le pélican aime ses petits avec une très grande tendresse. Sont-ils tués dans leur nid par un serpent, il se perce le cœur et, en les baignant dans son sang, il les ressuscite[46].

L'oiseau dans la littérature

Le symbole de l'oiseau s'inscrit essentiellement dans la littérature concernant le merveilleux, le « supranaturel ». L'emploi de ce mot apparaît plus juste que celui de « surnaturel » en raison du caractère chargé d'ambiguïté que le terme de surnaturel véhicule.

Ainsi, le merveilleux possède à la fois une ampleur et une densité inégalables. À son propos, il convient de parler d'un au-delà du temps, de l'histoire, de la pesanteur et de la rigueur des lois et aussi de l'usage de la raison. Le merveilleux s'apparente à la dimension divine dans laquelle l'impossible devient possible. Les habituelles limites sont dépassées sans qu'une caractéristique d'ordre miraculeux intervienne. Tout élément magique apparaît totalement récusé.

L'emploi du mot *mirabilis*, est fréquent dans le vocabulaire médiéval. Ce pluriel correspond à tout ce qui concerne le merveilleux. Ce merveilleux qui suscite l'étonnement, la jubilation, fait bondir de joie l'intelligence et le cœur qui simultanément s'émerveillent. Le merveilleux, ou plus exactement la vision du merveilleux, tient à la fois du sujet qui le manifeste et du regard qui le voit. La possibilité de discerner l'étrange provient de la qualité de l'œil. Sorte de parenté subtile rendant apte à voir, permettant ainsi de distinguer et de retenir ce qui émerveille, c'est-à-dire l'inusité, la présence des énergies métanaturelles.

Dans son étude concernant « le merveilleux » au Moyen Âge, Jacques Le Goff examine l'étymologie des mots *mirabilis*, *mirabilia* dont la racine « *mir* (*miror*, *mirari*)[47] » évoque un caractère visuel : « Il s'agit du regard. » Cette référence à l'œil, à la vision, apparaît essentielle. L'oiseau est vu, l'œil se pose sur lui. Par ailleurs, le terme « miroir » est aussi suggéré. Le cosmos célèbre la beauté de la Création ; il est regardé en tant que miroir de l'œuvre divine. Et l'oiseau tient un rôle de premier plan dans ce miroir en raison de son vol, grâce au pouvoir de ses ailes qui lui permettent de voler très haut.

L'oiseau éveille et retient le regard. Il fait aussi appel à l'ouïe. Ces deux sens essentiels, en s'intériorisant, déclenchent tout un processus d'interprétations symboliques. L'œil et l'oreille se jumellent, se complètent réciproquement.

À l'égard des symboles, tout dépend du sujet qui écoute chanter l'oiseau ou qui perçoit son vol. La mélodie est souvent entendue sans que le chanteur, caché dans les feuillages, se montre. D'ailleurs l'oiseau n'aime pas être vu. La proximité des hommes soulève son inquiétude, elle nuit à sa liberté. L'oiseau n'éprouve nul besoin d'être entendu[48].

La symbolique de l'oiseau, de l'aile, du vol apparaît toujours présente dans la littérature, le folklore et aussi la mystique. La diversité des interprétations provient le plus souvent du contexte dans lequel les auteurs s'expriment. Non seulement des signes identiques sont explicités de façons différentes, mais ils peuvent revêtir un déchiffrement rigoureusement opposé. Ainsi le bonheur devient malheur, la protection divine se change en intervention diabolique.

L'oiseau dans l'imaginaire

L'entrée dans l'imaginaire semble interdite à l'homme qui n'a jamais tenté l'aventure du dedans. Ce voyage consiste dans une plongée dans le monde intermédiaire : la région des métamorphoses.

Dans la Préface d'un des ouvrages de Cyrano de Bergerac, ses introducteurs parlent de l'étonnement éprouvé devant « cette étrange fusion du réel et du surréel », de ce « mystérieux domaine qui n'est pas celui de la fantaisie onirique ou du délire verbal, mais bien celui d'un visionnaire[49] ». En effet, Cyrano était persuadé, avec Paracelse, que « l'imagination est comme le soleil dont la lumière n'est pas tangible mais qui peut mettre le feu à la maison. L'imagination mène la vie de l'homme : s'il pense au feu, il est en feu. S'il pense à la guerre, il fera la guerre. Tout dépend seulement du désir de l'homme d'être soleil, c'est-à-dire d'être totalement ce qu'il veut être[50] ».

À cet texte, on pourrait ajouter : celui qui aime le vol deviendra ailé. Son langage participera à une certaine étrangeté. Il ne choisira pas l'insolite. Toutefois, il s'éprouvera issu d'un espace illimité qui deviendra sa véritable patrie.

Au regard d'autrui, un tel homme risque de passer pour fou ; dans le meilleur des cas, on le taxe d'originalité. Exilé de la conscience commune, il n'est pas entamé par les jugements qui pèsent sur lui. Toutefois, il va saisir l'ampleur de son propre isolement. Dans de nombreux cas, « l'original » risque d'être mieux compris par les animaux que par ses frères en humanité. Tout en étant privé de langage pour communiquer, il s'établit une amicale connivence entre l'homme et l'animal, en particulier avec l'oiseau sauvage. Les animaux domestiqués, y compris les oiseaux prisonniers dans des cages, peuvent avoir des réflexes d'esclaves afin de s'attirer la bienveillance du maître dont ils dépendent pour leur bien-être et par conséquent leur nourriture[51]. L'oiseau sauvage respire et chante dans le vent de la liberté.

Dans le subconscient de l'homme primitif – et celui-ci perdure plus ou moins dans l'individu moderne et contemporain – les forces telluriques, jointes aux énergies cosmiques, semblent parfois détenir un pouvoir étrange, voire diabolique. Dans l'Antiquité, et encore au Moyen Âge, il était d'usage d'attribuer aux démons ou à des entités mauvaises ce qui semblait mystérieux. Il fallait bien trouver une origine au mal. Face aux dieux en qui se mélangeaient la bonté et le courroux, le mal avait ses représentants attitrés, parmi lesquels certains oiseaux, qui se trouvaient porteurs d'un pouvoir maléfique.

Pour les sociétés agricoles, il est normal de voir les animaux tenir un rôle prépondérant. Il en fut ainsi dans l'ancienne Égypte pour qui les bêtes sauvages semblaient encore appartenir au chaos originel. Les domestiquer faisait partie de la civilisation. Parfois l'animal, tel le faucon, représentait un dieu. En fait, les dieux, pour se manifester, prenaient le visage d'un animal et les temples possédaient leurs animaux sacrés.

L'Égypte avec ses dieux à face d'oiseau et aussi de chacal, de chien, fut un sujet de moquerie pour les Romains païens. Ces derniers ne comprenaient pas le rapport entre les dieux et les images animales. Selon Eusèbe de Césarée (†340), écrivain grec chrétien devenu prêtre et évêque, le masque d'un animal évoque un symbole signifiant la nécessité d'un dépassement.

Dans les déserts, les Égyptiens croyaient volontiers à la présence d'animaux fantastiques capables de susciter la terreur. Monstres dont hériteront les ascètes chrétiens dans les solitudes désertiques. Ces visions d'animaux – en particulier d'oiseaux étranges – pouvaient être suscitées par des projections de l'inconscient.

La littérature concernant les déserts et les anachorètes abonde en récits fabuleux dans lesquels les légendes apparaissent déborder l'historicité. Il existait d'ailleurs des manuels auxquels les hagiographes pouvaient aisément recourir. Des anecdotes identiques étaient aussi relatées et attribuées à des ermites appartenant à différentes époques. Ainsi les vies de saints présentaient parfois des événements semblables. Ces textes avaient pour but de signaler une réalité incontestable à un certain niveau. En effet, l'homme ayant acquis une conscience cosmique, incluant un amour universel, recouvre d'une façon naturelle un état d'innocence qui lui permet de fraterniser avec la création entière. Ainsi Zosime, dans *Les Frères Karamazov*, demandait pardon aux oiseaux d'avoir pu les offenser. En parvenant à cette pureté du cœur, l'homme retrouve son état originel auquel l'esprit d'enfance participe. Les animaux sauvages se montrent capables de discerner cette non-agressivité qui correspond à une virginité du cœur.

Une légende orientale, d'origine chinoise, provenant de Lie-tseu illustre ce propos :

Au bord de la mer, des enfants s'amusent chaque matin avec des mouettes. Celles-ci viennent par centaines. Ayant appris ce comportement insolite des oiseaux, le père demande à ses enfants de lui attraper quelques mouettes afin qu'il puisse aussi jouer avec elles. Mus par ce désir d'appropriation, les enfants ont perdu leur innocence. Les oiseaux le savent et ne viennent plus partager leurs ébats ; ils se contentent de voler au-dessus de leurs têtes[52].

Ce fait attribué à une légende concerne une réalité essentielle. Toutefois celle-ci échappe à toute matérialité. Un texte relatif au roi Houang Ti en signale le sens exact. Ce monarque avait appris à devenir maître de son corps. Un jour, s'étant assoupi, il eut un songe qui le fit voyager dans un pays qu'on ne pouvait atteindre « ni en barque, ni en char, ni à pied, mais seulement en esprit[53] ». L'esprit de l'homme voyage durant son sommeil et aussi durant sa veille. Animé au-dedans, il apprend les grandes lois qui régissent l'univers. Ce qu'il sait, sans en avoir une lucide conscience, s'éveille. Ses sens intérieurs sortent de leur habituel endormissement. L'oiseau – symbolisant l'âme – n'éprouve nul besoin de réapprendre ; sa connaissance jaillit en toute spontanéité.

La mythologie présente de nombreuses métamorphoses. Des hommes et des femmes sont changés en oiseaux. L'être humain porte en lui des animaux divers. Ainsi, selon André Masson, le surréalisme a libéré une « ménagerie psychique ». Les bestiaires appartenant à l'Antiquité et au Moyen Âge ont établi des correspondances entre les animaux et l'alchimie, la typologie, la psychologie et aussi la magie. Les animaux purs et impurs varient suivant les traditions et les animaux correspondent à des planètes : aigle = Soleil / cigogne, rossignol = Lune / perroquet = Mercure / colombe, tourterelle, passereau, faisan, perdrix = Vénus / autruche, milan, vautour = Mars / paon, faucon, hibou, corbeau = Saturne[54].

D'après Ovide (*Les Métamorphoses*), la fille de Nisos (roi de Mégare) nommée Scylla fut transformée en aigrette (héron). Alcyoné, fille d'Éole, roi des vents, sera changée en un oiseau fabuleux nommé alcyon.

Souvent, il est fait allusion aux filles-oiseaux, filles-cygnes et filles-colombes. Parfois une fille-oiseau se pose près d'un étang. Pour se baigner, elle abandonne son plumage sur la rive dont un garçon s'empare. La voici désormais dépendante d'une volonté masculine. Soumission apparente. Dès qu'elle pourra retrouver son vêtement de plumes, elle s'envolera. Captive, la fille-oiseau éprouve une nostalgie de liberté. Pour reconquérir sa femme, le mari abandonné devra subir de cruelles épreuves. La femme-oiseau se suffit. Captive, elle utilise de nombreuses ruses pour endosser de nouveau son vêtement de plumes qui lui permet de s'envoler dans l'espace aérien[55].

Dans les récits mythiques concernant les épreuves que le héros doit vaincre, il s'agit parfois de rochers. Ceux-ci sont invités à s'entrouvrir afin de dégager une fente permettant le passage d'un vaisseau. La traversée doit s'effectuer rapidement, sinon les masses rocheuses vont de nouveau se rapprocher en écrasant l'imprudent. Cette ouverture exiguë correspond à l'étroitesse du cheminement initiatique. Parfois le héros se trouve incapable de provoquer cette brèche salvatrice; il ignore la formule magique qu'il conviendrait d'employer. Il appelle à son aide des oiseaux. Les hirondelles obtiennent des rochers qu'ils s'écartent durant un bref instant[56].

L'oiseau est secourable. Il aide le héros à sortir du ventre de la baleine. Grâce à son bec, un pivert introduit de la nourriture dans la bouche des jumeaux Romulus et Rémus[57]. Dans une perspective identique, de nombreux exemples pourraient être retenus.

Dans l'Antiquité, la divination par les oiseaux était particulièrement fréquente en Grèce. Le vol des oiseaux en droite ligne ou en zigzag, avec battement d'ailes ou vol plané permettait de formuler des présages. Ce mode de divination jouissait d'une telle popularité que le mot « oiseau », *ornis*, signifiait présage[58].

L'oiseau dans les contes

La sagesse se montre toujours présente dans les contes, dans lesquels les animaux symbolisent les différents comportements des hommes. Il en est ainsi pour le récit de « L'oiseau et l'œuf »[59].

Un oiseau, incapable de voler, se déplaçait à la manière d'un poulet. Toutefois, il n'ignorait point que les oiseaux possèdent normalement le pouvoir de s'élever dans les airs. Or le hasard fit qu'il couva l'œuf d'un oiseau volant. Lorsque l'oisillon brisa sa coquille, il savait contenir en lui-même la possibilité de voler. Mais sa mère adoptive en était privée. Alors il la questionna : comment faire pour prendre mon essor ? La gratitude éprouvée envers sa bienfaitrice freinait sa nature. D'une part il était conscient d'être un oiseau devant normalement voler ; d'autre part la présence de sa mère adoptive le rendait hésitant. L'audace lui manquait. Ainsi il risquait, du fait de son entourage, de ne pas répondre à sa propre réalité.

L'histoire ne raconte pas ce qu'il advint des hésitations du jeune oiseau. Toutefois la morale de l'histoire est claire : lorsque l'homme se tient en dépendance d'autrui, il risque de ne jamais répondre à « la démangeaison des ailes » qu'il éprouve en lui-même. Dans un tel cas, il se condamne à un malheureux esclavage. C'est en lui-même qu'il lui conviendrait de puiser sa libération.

Ainsi, un autre conte, paru dans le même recueil, sous le titre de « Trois Conseils »[60], illustre avec humour la sagesse de ce qui est ailé et la sottise du rampant.

Un homme attrape un oiseau. Ce dernier propose de lui donner trois précieux conseils en échange de sa liberté. L'un sera formulé pendant sa captivité ; le second lorsqu'il aura pu se poser sur une branche. Et le troisième, après avoir gagné le sommet d'une montagne. Le marché étant accepté, l'oiseau présente aussitôt son premier conseil : « Si tu perds quelque chose, dira-t-il, même si tu y tiens autant qu'à ta propre vie, ne le regrette point. »

S'élançant de la main ouverte de son possesseur, perché sur une branche, l'oiseau émet aussitôt un second conseil : « Ne croit jamais rien sans preuve, qui soit contraire au bon sens. »

Enfin l'oiseau s'envole au-dessus de la montagne, tout en disant que son corps renferme deux énormes joyaux. Conscient d'avoir perdu l'occasion d'acquérir une fortune, l'homme sollicite le troisième conseil.

Mais l'oiseau se gausse de la crédulité de l'homme. En effet, son corps est trop menu pour contenir des joyaux. Le sot reste prisonnier de ses limitations. La crédulité de l'ignorant est incommensurable.

Avec les *Mille et un contes de la nuit*, on trouve aussi les jeunes filles-oiseaux. Dans ces récits, la femme remplit un rôle chargé d'ambiguïté. En effet, un roi trompé par sa femme prend la décision de tuer chaque matin la compagne de sa nuit. Une jeune fille nommée Shahrâzâd va tenter l'aventure. À chaque aube, elle poursuit le récit d'un conte en maintenant la curiosité du roi. Après mille et une nuits le sort est conjuré, la voici épouse, mère et reine[61].

Un thème identique se présente dans la littérature médiévale. C'est au XIVe siècle que Jehan d'Arras compose sa *Noble histoire de Luzignan* qui deviendra la légende de Mélusine femme-serpent et ailée.

L'histoire se passe dans le Poitou. Dans la forêt de Coulombiers, un certain Raimondin chevauche tristement. Il a tué involontairement dans un accident de chasse le comte de Poitiers. S'étant arrêté pour se désaltérer à la fontaine de Soif, il remarque trois jeunes filles. Son attention est retenue par l'une d'entre elles. Blonde et nue, elle se baigne sous ses yeux. De cette rencontre proviendra plus tard un mariage. Le couple est heureux et il a des enfants. Un incident imprévu mettra fin à ce bonheur. Mélusine a fait prononcer un serment à son époux, celui de ne jamais la regarder le samedi et de ne point s'enquérir du lieu où elle se trouve.

Le mari observe tout d'abord son engagement. Puis il cède à un sentiment de jalousie et aussi de curiosité. Ayant percé un trou dans une porte, il aperçoit sa femme prenant un bain. Jusqu'à la ceinture Mélusine conserve sa beauté. À partir du nombril, elle porte une immense queue de serpent. Se sachant découverte et pourvue d'ailes, Mélusine s'envole par la fenêtre. Fait étrange, Mélusine était douée de dons particuliers qui se manifestaient à deux niveaux : la voyance et la construction de forteresses et de châteaux. Les bâtiments s'élevaient avec une extraordinaire rapidité, mais il y manquait toujours une pierre. Magicienne, elle pouvait découvrir des trésors ou même assurer la transmutation de métaux. Dans le récit, son alliance avec le diable s'affirme. On retrouve ainsi le rapport avec le serpent démoniaque et l'aile.

Le cri des oiseaux s'explique parfois grâce à la mythologie. Il en est ainsi pour la perdrix. Celle-ci s'exprime avec une voix métallique étrange. Or, selon une légende grecque, Perdix, neveu de Dédale, inventa la scie en imitant la gueule du serpent. Jaloux, son oncle Dédale voulut le précipiter du haut d'un rocher. Pour sauver Perdix d'une mort inévitable, Athéna le transforma en perdrix. Dans le récit il est aussi fait allusion à Icare, victime d'une chute spectaculaire. Lors des funérailles de celui-ci, Perdix aurait manifesté une joie insolite.

Renommée pour sa sexualité, selon les bestiaires médiévaux, la perdrix pourrait, à défaut de partenaire, être fécondée par le vent.

Histoires de perroquets

Un perroquet vivait chez un épicier. Ce dernier s'absentait fréquemment pour ses affaires. Avant de partir, il recommandait à son oiseau bavard de ne pas casser les bouteilles d'huile qui coûtaient fort cher.

Un jour, un chat entra dans la boutique. Il fit peur au perroquet. Effrayé, celui-ci, volant ici et là, brisa des bouteilles d'huile.

À son retour, sans demander au perroquet la moindre explication, le marchand prit un bâton et frappa sur la tête son perroquet. Ce dernier perdit toutes les plumes de son crâne.

Peu de temps après, un homme chauve entra dans la boutique. Plein de compassion, le perroquet s'écria : « Ô mon pauvre ! As-tu toi aussi fait tomber et cassé des bouteilles ?[62] »

Ce jugement du perroquet apparaît bien sommaire. Il provient de la naïve comparaison établie entre l'apparence des événements : ceux d'autrui et les siens. Beaucoup d'hommes examinent les problèmes des autres en rapport avec leur vie personnelle.

Une autre histoire de perroquet se montre plus instructive.

Un marchand possède un perroquet très intelligent. Il fait partie de la famille. Toutefois l'oiseau est prisonnier dans une cage.

Pour son commerce, le marchand décide d'aller en Inde. Il questionne sa femme, sa fille et le perroquet afin de savoir ce qu'ils souhaitent recevoir comme cadeaux à son retour.

L'oiseau déclare n'avoir besoin de rien. Toutefois il

charge le marchand d'un message destiné aux perroquets de la forêt qu'il devra traverser. Il leur offrira ses salutations et les informera de sa condition d'existence.

Ayant rencontré des perroquets, le marchand leur dit avoir chez lui dans une jolie cage un perroquet qui leur transmet ses salutations. Brusquement, l'un des oiseaux tombe mort.

Rentré chez lui, le marchand raconte l'anecdote à son perroquet. L'oiseau se mit à trembler, cria et tomba mort au fond de la cage. Attristé, le marchand prit le corps de l'oiseau et le jeta dans le jardin. Aussitôt le perroquet prit son vol et se posa sur un mur.

Stupéfait, le marchand rejoint le perroquet et lui demande de revenir dans sa cage. Et l'oiseau de répondre : « Ô mon cher maître, celui qui est libéré ne revient jamais vers la cage. Je te remercie de ton aide et te dis adieu[63] »

Ce conte a pour titre : « Mourir avant la mort ». Le perroquet du marchand symbolise le chercheur mystique qui doit nécessairement mourir au monde pour acquérir la parfaite liberté conduisant à la sagesse.

À propos des oiseaux, les contes qui leur sont consacrés apparaissent toujours significatifs. Une fable moderne, *L'Oiseau rare* d'Anouilh[64], se doit aussi de retenir l'attention.

Dans une basse-cour, des oies et des canards bavardent. Ils désignent la conscience commune, l'omnitude. Soudain, au-dessus d'une prairie voisine, apparaît un oiseau étrange. Son plumage est merveilleux et, sur la tête, il porte une petite aigrette, une sorte de plumet. Cet oiseau représente la singularité, l'autonomie. Il ne vole pas en compagnie, il est seul.

Ébahis, les oies et les canards le regardent. Ils ont interrompu leurs discours. Certes, ils pourraient admirer l'oiseau. Mais à l'émerveillement, ils préfèrent l'ironie, les sarcasmes. Ils se moquent en poussant de véritables clameurs pour mieux ridiculiser l'oiseau solitaire.

Intrigué par le bruit, le fermier propriétaire sort de sa maison armé de son fusil. Il tire sur l'oiseau. Celui-ci tombe mort. Ses plumes serviront d'ornements et son corps, bien cuisiné, deviendra un mets délicat. Quant aux oies et aux canards, ils passeront, plus tard, un par un, à la casserole.

Ce conte est d'une grande profondeur. L'oiseau solitaire désigne la personne considérée dans sa singularité ayant pu conquérir son autonomie. Or, la majorité des hommes, vautrés dans l'ignorance, ne sauraient en supporter la réalité.

Dans les contes, la plume soulevée par le vent indique une direction. Le point où elle tombe désigne un lieu secret. Il en est ainsi dans un conte de Grimm : « Les trois plumes ».

Un roi âgé souhaite désigner un de ses trois fils pour lui succéder. Les deux aînés se moquent du plus jeune. Celui-ci, peu habile, simple d'esprit, est surnommé le Nigaud.

Afin de faire son choix, le roi demande à ses enfants de lui rapporter un tapis très fin. Devant son château, il souffle sur trois plumes. L'une s'envole vers l'est, l'autre vers l'ouest. Les deux aînés choisissent ces directions qui leur semblent propices. Persuadés de la sottise du benjamin, ils ne se donnent aucune peine et rapportent à leur père les vêtements d'une simple bergère. Le Nigaud découvre une trappe près de la plume qui le concerne, il la soulève et descend des marches. Il se trouve face à face avec une grosse mère-crapaud. Sur sa demande, elle lui donne un magnifique tapis très finement tissé.

Successivement, les jeunes gens devront trouver un anneau d'or et une très belle jeune femme. En dépit de la jalousie de ses frères, grâce à la plume et à la mère-crapaud, le troisième fils deviendra roi[65].

L'oiseau remplit la fonction d'un messager. Dans les *Contes de pluie et de lune*, une anecdote fait allusion à une saison d'été de l'ère Kyôtoku (1454). À la suite d'un conflit entre un résident et un gouverneur, les incendies se multiplièrent. Affolée, la population fuyait dans la montagne. Une femme aurait voulu partir ; son époux lui avait demandé d'attendre l'automne. Elle comptait les jours, et le temps passa. Le vent ne lui apporta aucune nouvelle. Solitaire, apeurée, elle composa un poème :

> « *Mon chagrin,*
> *nul ne le lui dira ;*
> *oiseau d'Osaka,*
> *rappelle-lui, toi,*
> *que l'automne même est passé !* »

Mais l'époux se trouvait si loin que l'oiseau fut dans l'impossibilité de le rejoindre[66]. Lorsqu'il revint dans sa maison, son épouse défunte lui apparut sous la forme d'un fantôme.

L'oiseau et la poésie

La nature parle. Son langage n'est audible qu'à ceux qui, animés par un amour cosmique, se tiennent en capacité d'écouter. Lorsque son intériorité est éveillée, l'homme dépasse le monde des reflets et du retentissement des échos. Orienté vers les essences, il perçoit, par instants le plus souvent fugitifs, la voix de la création qui constamment renouvelle le dynamisme de son origine.

Ainsi Wladimir Soloviev, à la fois philosophe et poète, évoque les oiseaux. Ceux-ci auraient conscience de leur beauté. À cet égard, Soloviev suit les affirmations de Darwin. Le sens esthétique des oiseaux serait très développé et certaines femelles abandonneraient leur compagnon s'il lui arrivait de perdre une partie de son plumage. Chez les volatiles, « la beauté a une valeur autonome ». Soloviev, toujours fidèle aux exposés de Darwin, ira jusqu'à dire que « presque tous les oiseaux font reposer leurs succès matrimoniaux sur la manifestation de telle ou telle propriété esthétique... les couleurs éclatantes et la faculté de chanter harmonieusement ne vont ordinairement pas de pair, mais que la faiblesse de l'une de ces qualités, est compensée par le développement de l'autre[67] ».

Même pour de simples observateurs, il est aisé de constater combien la beauté du plumage se montre indépendante de la magnificence des chants. En revanche, il semble difficile d'admettre que les oiseaux conscients de leurs couleurs en tirent quelque vanité. Cette beauté n'est mise en évidence et déployée qu'à l'époque des amours. Elle se manifeste à l'égard de la femelle qu'il importe de séduire. C'est donc uniquement entre oiseaux que cette beauté consciente est reconnue et développée. Sinon, il peut sembler plus exact de penser que le chant et le plumage sont à l'oiseau ce que sont le parfum et la couleur à la fleur. Oiseaux et fleurs présentent une spontanéité et celles-ci se correspondent. L'oiseau chante sans pour autant avoir d'auditeurs. La fleur n'éprouve nul besoin d'une présence, de regards ni d'odorat pour exhaler sa splendeur.

Tout à fait différente sera l'observation poétique d'un homme éminemment aux écoutes de la nature. L'exemple ici proposé apparaît dans toute sa signification. Seul l'amour de la nature permet d'en percevoir la profondeur qui échappe à l'homme de la conscience commune, totalement privé de l'acuité des sens intérieurs.

Lors d'un voyage à Thulé (Groenland), Samivel fait allusion à « une faible musique » qui s'élève de l'île; il écrira: « Tous les œufs prêts à éclore, chantaient[68]. » Seul un poète possède une oreille assez subtile pour entendre la mélodie des oisillons encore enfermés dans une coque isolante.

Ce propos de Samivel évoque le chant que l'homme intériorisé perçoit grâce à certaines rencontres. L'être humain se trouve encore enfermé dans sa gangue, le corps fait écran, à la façon de la coque de l'œuf. Toutefois, l'âme qui va fleurir en esprit célèbre déjà sa délivrance. Mélodie d'une extrême finesse, elle apparaît présente chez certains musiciens; ceux-ci tentent de la communiquer. On la trouve dans le grégorien lors des célébrations monastiques, quand le murmure des voix jaillit de cœurs unifiés.

L'oiseau dans la poésie japonaise[69]

Le *haïku* est un très bref poème. D'origine ancienne dans sa forme, il ne s'épanouit qu'au XVIIIe siècle dans l'école de Teikoku. Quatre noms d'auteurs sont à retenir: Bashô, Buson, Issa et Shiki. Dans ces strophes, la légèreté se joint à la fraîcheur.

ALOUETTE

« *Point du jour –*
l'alouette chante
du fond de la pluie » Issa.

« *L'alouette –*
seul tombe son cri
elle-même invisible » Ampû.

« *Alouettes en plein essor*
foulant les nuages
aspirant la brume » Shiki.

« *L'alouette*
se bat
contre les vents de printemps » Yasui.

« *Cris*
par-delà les nuages blancs
– alouettes » Kyoroku.

« *L'alouette en chantant*
façonne
les nuages » Seien.

« *L'alouette*
se cache
dans l'étendue du ciel bleu » Rikuto.

« *Au milieu de la plaine*
chante l'alouette
libre de toutes choses » Bashô.

« *Tes petits vont attendre*

alouette
si haut perdue dans le ciel!» Sampû.

« *L'alouette*
s'est laissée glisser
pour son repas de midi » Issa.

MOINEAUX

« *Moineaux voletant*
dans les champs de colza
l'air d'admirer les fleurs » Bashô.

« *Les moineaux*
jouent à cache-cache
parmi les plants de thé » Issa.

« *Un moineau épuisé*
au milieu
d'une troupe d'enfants » Issa.

« *Le moineau aveugle*
saute sur la fleur
du volubilis » Gyôdai.

HIRONDELLE

« *Une hirondelle*
s'est envolée
du nez du Grand Bouddha » Issa.

« *L'hirondelle*
fait une culbute –
qu'a-t-elle oublié? » Otsuyu.

COUCOU

« *Le vent cesse*
l'eau s'égoutte dans les bois
chante un coucou » Kikaku.

« *Chante le coucou*
qui n'a parents
ni enfants! » Buson.

« *Est-ce la lune*
qui a crié?
Le coucou! » Baishitsu.

L'oiseau et l'alchimie

L'oiseau dans l'alchimie, apparaît continuellement présent. Il remplit éminemment un rôle symbolique.

Dans un de ses ouvrages, Marie-Louise von Franz cite un texte appartenant à une traduction arabe d'un traité de Zosime aujourd'hui perdu: « Prenez la pierre des philosophes, la noire, la blanche, la rouge et la jaune, qui est un bel oiseau, cet oiseau qui vole sans ailes dans l'obscurité de la nuit aussi bien qu'à la clarté du jour. De l'amertume de sa gorge, vous retirerez la couleur qui transforme tout. Cette amertume est un poison colorant[70]. » Et l'interprétatrice d'ajouter: « Cette même amertume est appelée, dans un autre texte, l'acide qui transforme l'or en pur esprit[71]. »

Marie-Louis von Franz explique comment l'oiseau

contient dans sa gorge « une amertume astringente » dont la fonction est de transformer en sel, puis en or tout élément qui lui est soumis. En se situant au niveau psychologique, on comprend que l'amertume risque d'atteindre ceux qui ont de mauvais contacts avec eux-mêmes et qui se sentent plus ou moins responsables des malheurs qui les atteignent[72].

Cette confrontation difficile à vivre peut se présenter durant « le processus d'individuation » tel que le relate Jung. L'important consiste dans l'accès au Soi, au diamant, à « la perle d'un grand prix ». Dans ce voyage initiatique, le danger surgit sous la forme d'une pétrification, comme cela apparaît dans de nombreux contes. Cette pétrification est entièrement négative, elle produit un durcissement dans les relations à l'égard de soi-même et d'autrui. Cette pétrification se situe à l'opposé du vol et de la liberté.

L'oiseau, symbole de l'âme, doit nécessairement être délivré, c'est-à-dire sortir de la prison dans laquelle notre comportement l'enferme. D'où la nécessité de retirer de son âme – comparée à l'oiseau – l'amertume qu'elle contient. Ce caractère négatif de l'amertume, facteur de durcissement, deviendra positif grâce à sa mutation. Ainsi tout dépend de l'usage qu'on fait de l'« amertume » contenue dans la gorge de l'âme-oiseau.

Dans les contes, celui qui est privé d'espérance et croit volontiers au mal risque ce durcissement conduisant à une inévitable pétrification. L'impatience constitue aussi un danger. Le passage de l'état de rampant au vol exige une certaine lenteur. L'œuvre alchimique comporte des états successifs. Être affronté à des périls ne saurait s'éviter. L'âme-oiseau doit nécessairement les vaincre pour conquérir sa liberté.

Pour de nombreux contes, le perroquet cache le diamant[73]. Il est nécessaire de l'abattre. Son décès coïncide avec sa propre transformation. Il passe de l'état animal à un état humain. Le perroquet se contente de répéter ce qu'il a pu entendre. De même l'homme banal, non évolué, répète ce que les autres disent. Privé de personnalité, n'ayant poursuivi aucune démarche conduisant à la totalité, il va tout pétrifier autour de lui et aussi en lui-même.

Ce thème du perroquet, si fréquent dans des contes d'origines différentes, offre un intérêt particulier dans une version indienne. Il est présenté « comme un oiseau de sagesse et un conteur d'histoires, et non comme un démon qui dissimule un diamant[74] ». Marie-Louise von Franz, de conclure : « Le perroquet devient plus ou moins positif ou négatif suivant l'attitude que le conscient (collectif ou individuel) a envers lui[75]. » Telle est la clef à l'égard du processus alchimique qu'il importe de vivre afin d'acquérir le diamant de l'unité.

Pour saisir l'importance des contes dans lesquels le perroquet ou un autre oiseau intervient, il est nécessaire de situer l'oiseau à sa véritable place, sinon le sens de son symbole risque d'échapper ou d'être mal compris.

L'oiseau est ailé. Pourvu d'ailes, il possède un contenu spirituel tel qu'on le trouve dans la psyché. C'est pourquoi « les alchimistes emploient pour désigner les oiseaux le terme de *volatilia*: esprits, ce qui a donné volatile et volatif, aux sens zoologique et chimique des termes[76]. De ce fait, en alchimie « les gaz et les substances évaporées sont symbolisés... par différents oiseaux[77] ».

Vol et ascension

Dans les *Hymnes du Véda*, l'ascète, tel un oiseau, chevauche le vent :

« *Ceinturés de vent, les ascètes*
sont vêtus de brunes souillures.
Ils suivent la fougue du vent,
dès que les dieux sont entrés en eux. »

L'ascète

« *vole à travers l'espace aérien,*
regardant en bas toutes les formes[78]. »

Dans le taoïsme, le libéré « chevauche une grue »[79].

Ces textes n'ont rien d'étranger. Aux rois-dieux se rattache le vol magique. Ainsi, Mircea Éliade[80] évoque les rois de l'Asie sud-orientale et de l'Océanie portés sur des épaules afin de ne pas toucher la terre. En Chine, l'empereur Chouen apprend, de deux sœurs magiciennes, l'art de « voler comme un oiseau ». D'après une légende, Hoang Ti, le Souverain jaune « fut enlevé au ciel par un dragon barbu ». Le terme « savant à plumes » désignait le prêtre taoïste. Les magiciens, les sages et les mystiques étaient censés pouvoir s'élever dans les airs. D'après Mircea Éliade, ceux qui ne participaient plus à la condition humaine devenaient capables d'utiliser le « vol magique ». Les alchimistes chinois et indiens, les sages, mystiques, sorciers, chamans ne se prenaient pas pour des dieux. Dépassant « l'humaine condition », ils coïncidaient avec celle « des esprits[81] ».

À ce propos, Éliade décrit les diverses formes d'aventures aériennes, les voyages « en esprit » dans les trois régions cosmiques. L'homme-oiseau sait comment quitter son corps et le réintégrer. Les chamans peuvent « voler » et « chevaucher un oiseau »[82]. C'est par le truchement de « l'expérience extatique » qu'il est possible d'examiner « la situation existentielle » des images et symboles se rapportant au «vol magique[83]». Thème très ancien, puisqu'on le retrouve déjà à l'époque paléolithique.

Actuellement, les psychologues des profondeurs considèrent l'ampleur vitale de l'imaginaire. Le vol peut résulter du désir de fuir, de chercher ailleurs une protection, un refuge. Or le vol véritable résulte d'un choix, d'une option en faveur du monde invisible, plus «réel» que le monde visible. En volant, l'oiseau répond à sa vocation. Cette vocation se découvre dans la dimension de profondeur de l'homme. Le vol horizontal serait une erreur, seule la verticale répond à l'ascension. Le discernement doit accompagner le vol, sinon il peut masquer des pièges et des illusions. Le véritable vol ne se produit que dans la mesure où la pesanteur est abolie parce que l'homme est devenu «esprit».

Les différentes méthodes psychologiques peuvent aider à distinguer l'ascension de ses contrefaçons. Ainsi R. Desoille a proposé la technique du «rêve éveillé»[84]. Il s'agit toujours de psychologie. Il convient de «nettoyer les écuries d'Augias avant de construire des cathédrales», disait Freud à Laforgue. L'important est de ne pas confondre «écuries» et «cathédrales».

Examinant les «symbolismes de l'ascension», Mircea Éliade a montré comment l'image du vol s'intègre dans les profondeurs de la psyché humaine, le désir de liberté absolue est une des «nostalgies essentielles» de l'homme. Le vol ne signifie pas uniquement une rupture de niveau mais il brise tous les liens d'ordre terrestre.

Non seulement il convient de parler d'oiseau, à propos des dieux, mais l'âme comparée à un oiseau apparaît fréquemment dans les textes égyptiens, principalement à propos de la mort. Enel a signalé les papyrus sur lesquels l'âme *ba* s'envole par la porte ouverte du tombeau à la rencontre de son corps lumineux. Très souvent, l'âme à forme d'oiseau et à tête humaine se tient face à l'oiseau *bennou*, l'âme de Râ[85].

Hermès, dans *L'Odyssée*, a rassemblé les âmes des ennemis défunts d'Ulysse. Celles-ci gazouillent à la manière des oiseaux. Enkidou (ami de Gilgamesh) visite le monde souterrain. Il rencontre des morts. Ceux-ci revêtus de plumes apparaissent semblables à des oiseaux[86]. Tel est le langage de l'âme. Dans de nombreux récits d'origine grecque, au moment de la mort, un oiseau se pose sur la fenêtre du moribond. Il vient au-devant de l'âme qui va prendre son vol. Dans un contexte chrétien, l'oiseau sera remplacé par des anges. Ceux-ci sont invisibles mais présents.

Pour l'iconographie médiévale, l'âme s'échappe du corps sous la forme d'un oiseau. Marie-Louise von Franz remarque que, dans certains villages du haut Valais, les maisons possèdent une petite fenêtre nommée « fenêtre de l'âme »[87]. Elle est ouverte à l'instant où le mourant va « rendre l'âme ». Actuellement encore, cet usage a été conservé. L'âme, considérée comme aérienne, s'envole du corps, tel un oiseau prisonnier dans une cage. Ce thème très ancien a toujours survécu. Dans de nombreuses légendes, l'âme du défunt se présente à un vivant sous la forme d'un oiseau. Ainsi, l'âme conserve son caractère ailé durant sa vie et après sa mort.

Dans les récits concernant les apparitions de fantômes ou encore relatant la sensation de la présence d'un défunt, il est fait allusion à un déplacement d'air, à un souffle ténu sur le visage. Quelque chose passe... qui n'est pas discerné, sinon par ce léger mouvement d'air à peine perceptible.

Au vol de l'oiseau, à la puissance énergétique des ailes, il conviendrait de rapprocher la lévitation et aussi le chevauchement du vent.

Dans un ouvrage intitulé *Bibliothèque de l'irrationnel*

et des grands mystères, Aimé Michel consacre quelques pages à un « moine volant », Joseph de Copertino (1603-1663)[88], qui entra dans le tiers ordre d'un couvent de capucins où il fut tout d'abord chargé de l'entretien d'un mulet. Son ascèse jugée excessive, les prodiges dont il semblait l'auteur inquiétèrent ses confrères. Ceux-ci le dénoncèrent au Saint-Office, c'est-à-dire à l'Inquisition. Devenu prêtre, Joseph célèbre la messe, pousse un cri, s'élève dans les airs, puis va doucement atterrir au milieu de cierges allumés. Le « religieux volant » est envoyé à Rome et présenté au pape Urbain VIII, homme lettré peu ouvert à l'égard de ce type d'extravagances. Devant le pape ahuri, Joseph cria et s'éleva dans l'air. La lévitation lui devint quotidienne, elle était précédée par un état extatique. À propos de lévitation, on pourrait citer certains personnages réputés, tels Jean de la Croix, Thérèse d'Avila, Marie de Jésus.

Le christianisme ne possède pas le monopole de la lévitation ; elle se trouve aussi en islam et dans le taoïsme et le bouddhisme. Louis Massignon a merveilleusement parlé du mystique musulman Al-Hallādj. Olivier Leroy a consacré un ouvrage à la « lévitation »[89], dans lequel il examine deux cent cinquante cas de mystiques chrétiens, dont quatre-vingt-treize femmes. Ainsi le vol serait plus masculin que féminin, tandis que les visions concernent principalement des femmes. Lors des lévitations, le corps devient extrêmement chaud et d'une très grande légèreté ; il perd toute pesanteur.

En fait, la lévitation qui s'apparente au vol de l'oiseau ne présente pas un intérêt particulier, on pourrait même dire qu'elle n'a pas à être retenue comme preuve de sagesse ou de sainteté. D'un tout autre ordre se présente le chevauchement du vent qui appartient au domaine de l'imaginal.

À propos de la signification des rêves où le vol dans les airs intervient parfois, les auteurs du Moyen Âge discernent le plus souvent une manifestation d'orgueil. À cette époque, le christianisme profitait de chaque occasion pour rappeler l'importance de l'humilité. Les interprètes et les commentateurs étaient influencés par le mythe d'Icare. L'approche du soleil aurait provoqué la fonte de la cire rattachant les ailes aux épaules. D'où sa chute dans la mer. Ainsi, croire qu'on peut sans dommage se tenir près du soleil provient d'une dangereuse ignorance ou encore d'une vanité. Les écrivains médiévaux connaissaient aussi, à travers Hérodote, le fameux rêve de la fille de Polycrate.

«Ascétisme du vol», écrit Saint-John Perse (†1975), «... Et si légère pour nous est la matière oiseau, qu'elle semble, à contre-feu du jour, portée jusqu'à l'incandescence[90]». L'oiseau «sur ses os creux et sur ses "sacs aériens"», mine le navire et rame avec ses ailes[91].

Saint-John Perse évoque aussi «l'oiseau succinct de Braque... Il vit, il vogue, se consume – concentration sur l'être et constance dans l'être[92]». Il dira encore: «À mi-hauteur entre ciel et mer, entre un amont et un aval d'éternité, se frayant route d'éternité, ils [les oiseaux] sont nos médiateurs, et tendent de tout l'être à l'étendue de l'être... [93].»

Le poète revient constamment aux «oiseaux de Braque, et de nul autre», ils ne présentent rien de commun avec «l'aigle jovien dans la première *Pythique* de Pindare». Plus encore, «ils n'auront point croisé "les grues frileuses" de Maldoror, ni le grand oiseau blanc d'Edgar Poe... L'albatros de Baudelaire ni l'oiseau supplicié de Coleridge ne furent leurs familiers[94]». Quelle est donc la particularité essentielle, incomparable des oiseaux de Braque? Celle-ci provient «du réel qu'ils sont, non de la fable d'aucun conte, ils emplissent l'espace poétique de l'homme, portés d'un trait réel jusqu'aux abords du surréel... Leur vol est connaissance, l'espace est leur aliénation[95] ».

Une telle symbolique, débouchant sur le surréel, communique à l'oiseau une dimension neuve. Le temps et l'espace sont dépassés. Une trouée s'opère, l'oiseau devient figure d'éternité.

L'oiseau et la mystique

L'oiseau enseigne à l'homme la nécessité du déracinement. Le continuel renoncement aux racines est signe d'entrée dans la dimension de profondeur. Apprentissage constant des perpétuelles ruptures, de tout ce qui pourrait comporter des assurances et des sécurités. L'homme psychique s'installe dans le monde, il s'y ancre. L'ami de l'esprit, pneumatisé, et de ce fait devenu subtil, devient un voyageur dans un au-delà du temps et de l'espace.

Méditer sur le livre de l'Exode permet de saisir le sens du passage de l'esclavage à la liberté. Le juste, qui épouse la droiture et répond à l'appel divin, est invité à partir et il y consent. La situation de l'homme sans racines risque de lui donner le vertige. « Il faut savoir que quand la grâce nous plonge dans la liberté, nous déracine, elle nous place dans une situation de déséquilibre, une situation anormale, anti-naturelle[96]. » En effet, l'homme banal éprouve la nécessité d'un lieu, d'une communauté, d'un groupe. Seul, il éprouve un abandon ; celui d'une traversée en solitaire.

Découvrir la nécessité du déracinement s'éprouve à

la façon d'une expérience. Le renoncement est d'ordre personnel. On ne saurait l'apprendre d'autrui par la parole ou l'écriture. Les sens extérieurs se montrent incapables d'en discerner l'ampleur. Le mental peut le savoir sans toutefois le pratiquer. Accepter le déracinement ne semble pas issu d'un projet ou d'une détermination. Il arrive un instant où le déracinement s'impose. On ne peut pas faire autrement. Les liens ne sauraient être volontairement rompus, sinon une souffrance surgirait. Elle serait comparable à une mutilation. Lorsque le déracinement est opéré, l'être éprouve un extraordinaire allégement. Sorte de rajeunissement, de virginité. Seul le renoncement engendre l'unité. S'enraciner coïncide, tel un avoir, avec une forme de divertissement.

Grâce au déracinement, l'homme va pouvoir apprendre à dominer son inquiétude et son angoisse. Pour l'oiseau, le jour, la peur est fluide. La nuit, elle se condense et se charge de bruits d'ailes et de cris. Cauchemars peuplés de rapaces dont le bec, devenu couteau, entame la chair. Le plumage des victimes s'envole ici et là et l'oiseau blessé trépasse. Quelques plaintes, des petits gémissements, puis le silence nocturne s'épaissit.

Ainsi la nuit, éprouvante pour l'oiseau, suscite en lui un état de veille. Ce symbole de l'état de veille, l'oiseau l'apprend à l'homme. Ce dernier sait que « la nuit... ne dort jamais », comme le dit Bachelard dans *L'Eau et les rêves*[97]. L'été, la nuit est brève, et les oiseaux ont besoin de fort peu de sommeil. Ils s'adaptent aux saisons comme les cultivateurs.

L'homme détaché se situe au-delà des saisons et des oppositions entre le jour et la nuit.

Dans leurs écrits relatant leurs intuitions et aussi leurs visions, les amis des mystères utilisent volontiers le symbole de l'aigle qui, dans l'Antiquité, tenait un rôle essentiel. Capable de fixer la lumière du soleil sans pour autant sciller, ou encore éprouver la moindre brûlure, l'aigle a toujours signifié la vision d'un face-à-face sans intermédiaire.

Cet oiseau solaire, apparenté aux dieux, était considéré comme leur emblème. Zeus revêt la forme d'un aigle pour s'emparer de Ganymède dont la jeunesse et la beauté ont provoqué en lui une passion amoureuse. Suivant la légende, le jeune homme sera déposé sur l'Olympe et recevra le privilège de l'immortalité.

Dans les visions, les mystiques chrétiens confèrent à l'aigle une place prépondérante.

Hadewijch

L'aigle apparaît dans les *Visions* de la béguine Hadewijch[98] (XIIIe siècle). Dans la onzième Vision, un phénix dévore un jeune « aigle gris », puis un aigle âgé « aux plumes blondes et neuves ». L'aigle gris désigne la visionnaire, l'aigle âgé saint Augustin. Cette présence de l'aigle sera explicitée par Ruusbroec. L'aigle symbolise l'esprit aimant « qui regarde et fixe la clarté du soleil... reçoit la clarté de Dieu, au-dessus de la raison et sans intermédiaire[99] ». Ces textes s'inspirent de l'Apocalypse (8,13 ; 12,14). Toutefois, la symbolique de la vision d'Hadewijch possède son originalité car elle s'applique à des personnes. La couleur blonde, attribuée à l'aigle ancien, signifie « la jeunesse éternelle de l'amour qui ne cesse de croître dans le ciel et sur la terre ». Quant au phénix qui dévore les deux aigles, il représente la Trinité en qui se perdent ceux qui aiment. La voix de l'aigle se fera encore entendre à Hadewijch dans la douzième Vision. Il lui dira : « Plonge ton regard dans la Face, sois la parfaite Épouse de l'Époux. » Après l'expérience vécue par Hadewijch, l'aigle ajoute : « Tu as reçu en tes suprêmes profondeurs la parole secrète que Job entendit » (4,12) :

> « *Une parole est arrivée furtivement jusqu'à moi,*
> *et mon oreille en a saisi le léger murmure*
> ...
> *un esprit passait devant moi...* »

Dans les visions d'Hadewijch, il s'agit presque toujours de paroles prononcées par un ange. Celui-ci sert de guide à la visionnaire. Est-il absent, l'ange est remplacé par l'aigle. Dans la treizième Vision, Hadewijch est conseillée par un séraphin. Elle demande à cet ange, appartenant à un rang supérieur, d'ouvrir les ailes supérieures et les ailes inférieures qui couvrent et protègent la sainte Face. Entre les ailes d'en haut et les ailes d'en bas, se situent des ailes intermédiaires. Les ailes supérieures correspondent à l'humilité, les ailes inférieures à ce que la visionnaire nommera « les saints du défi », c'est-à-dire de l'abîme. Entre les deux, se placent les ailes de la fidélité. Ainsi, l'aile favorise une approche, une proximité, l'entrée dans un gouffre abyssal. L'altitude à laquelle parvient l'aile correspond à des modes de sainteté exprimant l'amour. L'humilité l'emporte sur la fidélité. Lorsque les ailes de la Face s'écartent, ce sont les esprits qui, en se mouvant dans la liberté de l'amour, ont accès à une source d'eau vive. La sainte liberté l'emporte sur la fidélité et l'humilité. Cette liberté appartient à l'aile dont le pouvoir dynamique lui permet d'opter pour un mouvement ascensionnel. Liberté et défi parviennent à l'unité et s'expriment dans le vol. L'état de liberté absorbe à la fois tout ce qui le précède et lui permet de se manifester dans un amour unique.

Cette liberté subtile, dont l'efficience s'impose, se retrouve chez Eckhart. Dans son sermon *Intravit Jesus in templum*, il est fait allusion à l'âme humaine dépassant le pouvoir de l'ange[100]. En effet, l'ange ne saurait aller au-delà d'un certain niveau fixé à l'avance, car un terme lui est assigné. En raison de la totale liberté dont elle jouit, l'âme peut s'élever au-dessus des manifestations angéliques. N'étant soumise à aucune modalité, elle est libre de sa propre réalisation. D'où le rôle interchangeable de l'ange et de l'aigle. L'oiseau, porteur d'ailes, devient pour l'homme le modèle d'un perpétuel mouvement s'exprimant dans une liberté qu'aucune nécessité n'entrave. Seule l'âme unifiée dans l'amour peut conquérir une liberté parfaite.

Dans la mystique médiévale, la contemplation est souvent comparée à un sommet qu'il convient de gravir. D'où les comparaisons avec la tour, la colline, la montagne. Il s'agit d'une perpétuelle ascension, et celle-ci est comparée à un vol d'oiseau. « La contemplation... permet à l'homme de s'élever au-dessus de lui-même, en ce sens, elle est une manière de s'envoler, d'imiter les oiseaux ; ceux qui collent à la terre ne peuvent atteindre ces hauteurs[101]. » Au Moyen Âge, l'expression « partir pour la montagne » signifiait se faire moine. La vie monastique, adonnée à la contemplation, présentait donc une parenté avec le vol des oiseaux. Elle supposait une élévation, un constant mouvement ascensionnel au-dessus de la condition humaine habituelle ; résultat d'un arrachement au terrestre, d'un perpétuel détachement et aussi d'une liberté que la tourterelle annonce en dépit de sa fragilité.

En effet, dans le Cantique des Cantiques (2,12), la

voix de la tourterelle se fait entendre lorsque le printemps est arrivé. Angelus Silesius (†1677) fera allusion à cet oiseau plein de tendresse, en disant :

> « *Je suis la tourterelle, le monde est mon désert; Dieu mon époux est loin : aussi suis-je sans nid*[102]. »

Et ce texte d'un auteur moderne :

> « *Le souci de la tourterelle*
> *c'est le premier pas du jour*
> *rompant ce que la nuit lie*[103]. »

Jean de la Croix

Dans ses poèmes, Jean de la Croix (†1591) fait allusion au vol :

> « *En quête d'une amoureuse aventure,*
> ...
> *je volais si haut, si haut*
> ...
> *Il me fallait voler tellement*
> *que je me perdisse de vue.*
>
> *Plus haut je montais,*
> *plus défaillait, éblouie, la vue*[104]. »

Et aussi :

« Celui qui par les appétits
Ne se laisse pas entraîner
S'envolera léger selon l'esprit,
Comme l'oiseau
À qui ne manque plume[105]. »

Tzzidin Al-Muqaddasi : des oiseaux et des fleurs

L'auteur appartient au soufisme. Son œuvre, *La Conférence des oiseaux* et *Révélation des secrets des oiseaux et des fleurs*[106], apparaît environ un siècle après les ouvrages de Fariduddin Attar. *La Conférence des oiseaux* et *Révélation des secrets des oiseaux et des fleurs* sont contemporains du *Roman de la rose.*

De même que les fleurs s'adressent les unes aux autres, il en est ainsi pour les oiseaux. Les fleurs ont conscience du caractère éphémère de leur existence. Leur humilité surprend. En revanche, les oiseaux se comparent à leurs confrères en affirmant leur propre supériorité. Les oiseaux magnifient la beauté de leurs couleurs et de leurs chants en amenuisant les particularités des autres espèces. Ainsi le rossignol s'exprime en premier et le faucon le juge bavard. Au lieu de retenir la splendeur de ses mélodies, il l'accuse d'importuner les autres oiseaux. Le faucon donne une importance primordiale à son propre silence. Il se dit parfaitement discret et refuse de révéler les secrets qu'il détient. Quant à la colombe, elle se déclare porteuse de « bonnes nouvelles ». Cette vocation l'enchante et elle exprime à Dieu sa gratitude. L'hirondelle vante sa délicatesse ;

lorsqu'elle gîte près du toit d'une maison, elle ne réclame aucune nourriture et se suffit. Quant au hibou, il célèbre son bonheur procuré par la solitude.

Le paon inaugure un autre comportement. Il est jugé vaniteux. « Son plumage est fait de couleurs somptueuses et changeantes mais sa vie est en proie à mille sortes de souffrances et jamais il ne reverra le paradis[107]. » En effet, originairement, il habitait l'Éden et il en a été chassé. Son merveilleux vêtement dissimule son hypocrisie. Et la connaissance de ses erreurs est pour lui pesante. À son tour, la perruche ironise à propos du paon. Certes, son plumage ressemble à la robe d'une jeune mariée, mais en réalité, il est brunâtre. Elle, la perruche, porte une robe verte et cette couleur signifie la délicatesse et l'élégance. Cette coloration provient de l'excellence de ses pensées.

Le corbeau sait qu'on le critique du fait de son habit noir qui évoque un vêtement de deuil. En fait, il ressemble au *khatile*, le prêcheur, toujours habillé en sombre. Par conséquent, il serait grotesque de juger le corbeau sur la noirceur de son plumage[108].

Chaque oiseau légitime sa propre fonction. Et sa différence affirme une supériorité. Cependant, les fleurs et les oiseaux émettent un accent de tristesse, on pourrait même dire un gémissement. Fleurs et oiseaux possèdent une connaissance qui leur permet d'avoir une vision non seulement de la fragilité de l'existence mais plus encore du manque de qualité des diverses créatures. D'où le ton mélancolique, constamment maintenu des fleurs et aussi des oiseaux. Le secret réside dans cette connaissance. Il s'exprime à travers les propos des oiseaux. Tout apparaît négatif en raison d'une fragilité unanimement partagée. Chaque oiseau privilégie sa condition originelle et déplore le mauvais usage qu'il a pu faire de sa liberté. Toutefois, rien n'est perdu définitivement. En évoquant son passé, l'oiseau espère retrouver une dimension de profondeur momentanément perdue. Ici, bien entendu, les oiseaux symbolisent les hommes et leurs singularités.

Mohiddin Ibn Arabî

Parlant du deuxième ciel, le philosophe soufi Mohiddin Ibn Arabî (†1241), lui accorde la connaissance du « mystère de la Genèse ». Non seulement Jésus ressuscite les morts, mais il crée des formes qui deviennent vivantes. C'est ainsi qu'ayant façonné un oiseau il souffle sur lui. Aussitôt, celui-ci s'envole. Dieu a permis une telle opération. Selon l'auteur, Jésus, « maître de l'alchimie », représente l'« Esprit de Dieu », tandis que Jean Baptiste « détient la Vie ». Ainsi pour Ibn Arabî, Jésus présente les deux voies de la science alchimique. Tout d'abord il produit avec ses mains la forme d'un oiseau d'argile. Puis, grâce à son souffle, relié à l'âme, il le fait s'envoler.

Pour cette œuvre alchimique, il s'agit d'une reproduction du mystère de la création de l'homme. Après avoir façonné un corps, l'Esprit insufflé le rendit vivant ; Esprit et Vie coïncident[109].

Dans la présentation de « mandalas européens » proposés par C. G. Jung, dans son *Commentaire sur le mystère de la fleur d'or*, l'un d'entre eux concerne la « séparation du monde aérien et du monde terrestre (oiseaux et serpents). Au centre de ce mandala, se trouve une fleur contenant une étoile d'or[110] ».

Le mandala précise non seulement la séparation entre les dimensions aérienne et terrestre, mais il indique aussi un passage dont on ne saurait faire l'économie.

Toukârâm

Toukârâm (1598-1650), vivant dans le pays marathe (Inde), était un boutiquier appartenant à la plus humble des classes sociales. Il abandonna sa famille pour s'adonner uniquement à la prière. Cet analphabète composa des *Psaumes* d'une profonde poésie. Certains versets concernent les oiseaux.

Les dieux se tiennent proche des oiseaux :

> « *Oiseaux sauvages...*
> ...
> *Le Seigneur sur eux toujours se penche*[111]. »

Le cœur est comparé à un oiseau :

> « *Vole mon cœur, oiseau royal*[112]. »

La mort de Toukârâm fut entourée de mystère. Selon la tradition, Vichnou descendit du ciel sur l'oiseau Garoud, fit monter en croupe son adorateur et l'emporta au paradis[113].

Upanishads du yoga

Dans les *Upanishads du yoga*[114], un texte est consacré à l'oiseau migrateur. Il comporte vingt et une strophes. L'oiseau migrateur désigne l'âme. Celle-ci, faite de lumière, s'éveille grâce au souffle ; elle monte à travers le corps subtil. Son vol, tel celui de l'oiseau, est accompagné d'un son, disons plutôt d'une résonance. Celle-ci est comparée à « la résonance nasale contenue dans la syllabe OM ». Le mantra de l'oiseau comporte une respiration à la fois lente et rythmée, accompagnant un état de constante méditation.

Maître Zeng tombe gravement malade. À un ami qui vient le visiter, il dira : « Quand un oiseau va mourir, son chant est poignant ; quand un homme va mourir, ses paroles sont sincères[115]. »

L'oiseau et le moine

Étudiant le mot « moine » dans la Bible et la tradition, Dom Jean Leclercq fait allusion à la solitude et à l'unité de l'oiseau et du moine. Il se réfère au Ps 102,8 (Vulgate 101,8) dans lequel, on lit :

> « *Je ressemble au pélican du désert,*
> *je suis devenu comme le hibou des ruines.*
> *Je passe les nuits sans sommeil,*
> *comme l'oiseau solitaire sur le toit.* »

Jean Leclercq remarque : « Si l'on voulait constituer un bestiaire symbolique de la vie monastique, on aimerait savoir de quelle sorte d'oiseau il s'agit. Saint Jérôme n'a pas précisé : il a dit une fois *avis* (He) et une fois *passer* (Ga). La Septante [propose] autruche, mais Aquila [indique un autre terme], qui veut dire cormoran ou pélican : celui-ci, d'après les connaisseurs de la faune du Proche-Orient, a un bec énorme muni d'une poche-magasin ; il y accumule les aliments jusqu'à plein bord, après quoi il se retire dans la paix des roseaux pour mastiquer et digérer. On sait que la *ruminatio* appartient, elle aussi, au vocabulaire monastique, non moins que la paix[116]. »

Dans une note « savoureuse »[117], Jean Leclercq explicite les rapports entre moine, moineau, passereau, en remarquant que le plumage du passereau évoque le vêtement des moines.

Originaire de Macédoine, Synclétique, dont la vie a été écrite au Ve siècle, compare les spirituels à des oiseaux. Tels des aigles, ils fixent les sommets et leur vue est perçante[118].

Hésychius de Batos (VIIIe siècle) conseille à ses frères moines de « voltiger dans la contemplation avec un cœur pur[119] ».

L'oiseau et l'ange

L'ange prend parfois la forme d'un oiseau. Dans un monastère, un moine priait Dieu de lui donner une joie ineffable[120]. Un matin, tandis qu'il se recueillait, un ange, ayant revêtu le plumage d'un oiseau, se posa près de lui. Sa beauté retint le regard du religieux. Afin de le contempler de plus près, il voulut s'en saisir. Chaque fois que la main du moine s'approchait de l'oiseau, celui-ci s'envolait plus loin. L'un et l'autre sortirent de l'abbaye et gagnèrent un bois. Perché sur une branche, l'oiseau fit entendre des sons mélodieux d'une extrême douceur. Séduit, l'homme oublia le temps ; il lui semblait percevoir des chants paradisiaques.

Enfin, il se présenta à son abbaye. Personne ne put

le reconnaître, ni le portier ni les supérieurs. Ayant indiqué le nom de l'abbé, il lui fut répondu que celui-ci était mort depuis trois cents ans. Le moine comprit qu'il avait écouté chanter l'oiseau durant trois siècles. Or il n'avait pas vieilli, ses vêtements demeuraient frais et ses souliers non usés. Ainsi, le chant de l'oiseau angélique permit au moine de goûter, avant son décès, la joie de la béatitude éternelle, suspendant le cours du temps et lui conservant une inaltérable jeunesse.

De nombreux points de ressemblance se découvrent entre les oiseaux et les anges. Tout d'abord leur commune beauté qui se montre dépendante de la splendeur divine. Les oiseaux, porteurs d'ailes, se déplacent avec aisance dans le vent. Au plan symbolique, les anges sont représentés volant à la façon des oiseaux. Tel le tableau de Giotto (chapelle des Serovegni de Padoue). Les uns près des autres, les anges évoquent un groupe de volatiles. Oiseaux et anges sont des musiciens. L'oiseau n'éprouve nul besoin d'instruments: il chante. Dans l'art roman, les anges s'accompagnent de cymbales et de trompettes[121].

Dorothée de Gaza (VIe siècle) mentionne l'*apatheia* des anges que l'homme devrait imiter. On pourrait parler – dans une certaine mesure – de l'*apatheia* de l'oiseau.

L'archétype de la ronde et de la danse se retrouve avec l'oiseau et l'ange. Ronde et danse signifiant un état de liesse.

Dans un poème dédié au printemps (*An den Frühling*) Hölderlin célèbre «la danse de joie / la danse d'amour infini qui entraîne dans l'Éther souriant à la terre[122]».

Au tympan de Miégeville à l'église Saint-Sernin de Toulouse, les anges dansent et soulèvent le Christ.

Amédée de Lausanne (XIIe siècle)[123] parle de la Vierge participant à la danse des vierges.

Richard de Saint-Victor (XIIe siècle) évoque la jubilation éprouvée par l'âme contemplative. Le *jubilus* du cœur (*jubilus cordis*) est un chant intérieur[124]. Dans son traité *Benjamin major* (V, 14), Richard fait allusion aux bonds d'allégresse des anges. Comment ne pas évoquer les bonds des oiseaux?

Dans ses visions, Hildegarde de Bingen voit des anges. Les uns sont remplis d'yeux et d'ailes. Elle écoute leurs chants harmonieux. Comparant les moines aux anges, Hildegarde insiste sur leur mouvement ascensionnel vers le divin.

Avec Fra Angelico (Saint-Marc de Florence), la danse des anges apparaît saisissante. Les anges dansent sur des prairies fleuries et les fleurs n'en éprouvent aucun dommage. Les ailes des anges, diversement colorées, évoquent les oiseaux.

« C'est la danse, dira Henry Corbin, qui est le produit de l'état intérieur de l'âme; ce n'est pas l'état intérieur de l'âme qui est le produit de la danse... La danse, c'est pour les soufis le choc du monde suprasensible[125]. »

La fête de l'Ascension célèbre symboliquement le Christ s'élevant au-dessus de la terre, disparaissant dans la nuée et ensuite dans les cieux. Les anges accompagnent le Christ. Il en sera de même pour la Vierge dans son passage de la terre aux cieux.

Lors de certains décès de saints, les anges accompagnent les âmes des défunts. Retrouvant sa condition ailée, semblable à un oiseau, l'âme prend son vol.

Lorsque l'âme est détachée du terrestre, elle peut, avant d'abandonner son corps, devenir ailée[126].

La mystique cosmologique juive utilise à la fois diverses apocalypses et aussi des textes apocryphes. À l'égard des sept cieux, le Livre des secrets d'Hénoch[127] mentionne au quatrième ciel des anges qui tirent le char du soleil; ils ont la forme de deux oiseaux, le phénix et le chalkedri. Au sixième ciel, sept phénix accompagnent sept chérubins et sept anges pourvus de six ailes[128]. Dans un texte apocryphe d'origine juive, connu dans une rédaction judéo-chrétienne du Ier siècle de notre ère, le *III Baruch*[129] parle des oiseaux qui chantent dans le quatrième ciel les louanges de Dieu[130]; leurs voix se mêlent à celles des anges. Oiseaux et anges collaborent. Selon Baruch, le phénix est le « gardien de la terre ». L'apercevant dans le troisième ciel, Baruch questionne un ange : « Quel est cet oiseau ? » L'ange répond : « Cet oiseau est le gardien de la Terre. » Étonné, Baruch demande à l'ange une plus ample explication. L'oiseau décrit des cercles devant le soleil. En déployant ses ailes, il reçoit des rayons de feu. C'est grâce à lui que la race humaine perdure, sinon elle serait brûlée et disparaîtrait. Dieu a placé cet oiseau pour la conservation des hommes[131]. Ainsi, les oiseaux et les anges sont amicalement unis; ils célèbrent la magnificence de Dieu et sont les protecteurs des hommes.

L'oiseau et l'arbre intériorisé

Jung insiste sur les relations privilégiées entre l'oiseau et l'arbre. Selon « le scriptum Albert (...) Alexandre aurait découvert au cours de son grand voyage un certain arbre qui avait sa *viridas gloriosa* (sa verdure glorieuse) à l'intérieur. Une cigogne se tenait dessus, et Alexandre construisit là un palais d'or[132] ». Selon Jung, l'arbre et la cigogne représentent l'accomplissement de l'œuvre. La cigogne correspond symboliquement à un vase destiné à la « distillation circulaire ». Le feuillage intérieur évoque une « inversion contre nature ». En fait, il s'agit d'une « introversion dans l'état de contemplation[133] ».

À l'arbre intériorisé correspond l'oiseau intériorisé. L'oiseau, on le sait, symbolise l'âme. Lorsque celle-ci s'intériorise, elle devient profonde. Un trajet s'accomplit, allant de la périphérie au centre. Véritable voyage comportant différents relais ; des épreuves jalonnent le périple. Il convient d'évoquer le mental, de découvrir le chemin conduisant au cœur qui, peu à peu, va pouvoir se liquéfier et favoriser la poussée des ailes. Celles-ci accompagnent la naissance de l'esprit que de nombreux mystiques « situent » à la fine pointe de l'âme. Ainsi l'esprit provient d'un engendrement de l'âme qui contient virtuellement l'esprit. Tout spirituel est invité à devenir la mère du *puer aeternus* (l'enfant de l'éternité, l'Enfant divin). On rejoint ici un thème cher à Maître Eckhart, celui de l'homme devenu « mère de Dieu ». Désormais, l'oiseau intériorisé cesse de symboliser l'âme, il signifie l'esprit. La différence entre le psychique et le pneumatique se montre incomparable. L'homme nouveau (le pneumatique) éprouve compassion et tendresse pour l'homme psychique (le vieil homme). Humble, conscient de sa faiblesse, le spirituel pénètre dans un état de veille. Tel l'oiseau ayant décollé du terrestre, il participe déjà à la béatitude intérieure correspondant à un état de pré-ressuscité.

L'oiseau dans la symbolique

Ainsi, l'oiseau se situe au cœur même de la symbolique orientale et occidentale. Son dynamisme dépasse les limites des bestiaires. Grâce à son vol, il paraît s'affranchir de la temporalité; ou, plus exactement, il relie le temps à l'éternité. Le voici, tel l'ange, messager des bonnes nouvelles. Amoureux du soleil, de la lumière et de la liberté, il devient pour l'homme un modèle dont pourront s'inspirer spécialement les poètes et les mystiques. L'oiseau célèbre par ses chants l'arrivée du printemps, il annonce la festivité du renouveau. Durant l'hiver, il s'adonne avec patience à un long silence; il se tait. La saison du froid, de la grisaille, du gel et de la neige est pour lui une épreuve cruelle. Il en supporte l'ampleur.

L'oiseau apprend à l'homme à se réjouir d'un bonheur toujours retrouvé et à vivre aussi l'adversité en sachant qu'elle est passagère. Échapper à l'étreinte angoissante est sagesse. Toute dépression se trouve ainsi surmontée. Un au-delà de la peur s'instaure; il permet de surmonter les pièges tendus. D'où l'auteur des Proverbes (11,7): «C'est en vain qu'on jette des filets à ceux qui ont des ailes.» Et selon le Psalmiste: «L'Éternel te délivre du filet de l'oiseleur» (91,3). Lors des instants de bonheur, le chant, le dire répandent leur allégresse[134]. Les moments de silence deviennent repos, sorte de vide préparatoire à un plein, vacance, recueillement. Une telle alternance, vécue avec plénitude, apparaît source de richesse. D'où l'unité de l'action et de la contemplation, béatitude qui se communique, attente permettant de se livrer à la réflexion et au rêve.

La traversée des symboles s'effectue au profit d'un retour vers l'origine.

Fils du soleil, s'exprimant dans une merveilleuse liberté toujours à reconquérir, l'oiseau – et l'homme devenu ailé – fraternisent. Le premier apprend au second la voie vers l'Absolu, suivant le propos de Saint-John Perse: « De tous les animaux... l'oiseau... fut seul à doter l'homme d'une audace nouvelle... [135]. »

Grâce aux oiseaux, l'homme comprend qu'il peut progresser en abandonnant derrière lui l'aspect reptilien dont il perçoit parfois la présence dans sa conduite. La mémoire de l'humanité demeure dans l'homme, ainsi qu'une sous-animalité engendrant la violence et la cruauté. La conscience de sa propre médiocrité provoque son étonnement. « Le cochon qui sommeille » prend l'allure d'un serpent dont l'agressivité se manifeste lorsqu'il se croit ou s'imagine menacé par autrui. Qu'il domine ses instincts prévaricateurs, l'homme pourra devenir ailé, c'est-à-dire prendre de la distance à l'égard des formes et de la temporalité. Alors il se dégagera de toute pesanteur accablante. Son royaume changera de visage et la perspective de son passage sur terre se modifiera. En optant pour la dimension air, il s'affranchira des divers esclavages.

Étudier la symbolique de l'oiseau et par conséquent de l'oiseau de l'âme, comporte un déchiffrement dont dépend un art de vivre. L'homme n'est pas destiné à ramper durant son existence. Sa propre connaissance, son initiation aux mystères, lui permet de se mouvoir dans un immense espace auquel il se trouve constamment convié.

Ainsi les oiseaux apparaissent comparables à des signes formulant des appels. Si l'homme devenait en capacité d'ouïr le langage de l'oiseau, il percevrait ce propos amical:

« Mon ami, sors de la gangue qui t'enserre, brise hardiment toutes les coques protectrices. Tu n'es pas fait pour te réfugier dans des formes plus ou moins mensongères qui te servent d'asiles. Sors. Deviens un amant de la liberté. Alors, un jour ou l'autre, tu ressentiras en toi-même la poussée des ailes. Abandonnant la vieille peau du serpent, tu pourras voler dans un espace illimité. »

EN GUISE DE CONCLUSION

UNE brève initiation à la symbolique de l'oiseau ne saurait comporter une conclusion. Comment pourrait-on présenter une fermeture, établir un barrage à l'égard du vol ? Vouloir conclure risquerait de mettre l'oiseau dans une cage, de fixer une clôture brisant le mouvement de ses ailes, le condamnant ainsi à l'immobilité.

Le symbole de l'oiseau détient la clef d'une ouverture sur l'espace. Un tel espace débouche sur un monde secret. Dans celui-ci, se meut un corps menu et fragile, protégé par un duvet et des plumes sombres ou chatoyantes.

L'oiseau ? Une petite boule d'énergie dansante, un frêle esquif d'une extrême légèreté, capable de résister au vent, à la tempête, au froid ; susceptible de se diriger sans carte d'état-major ni boussole. Comment ne pas s'émerveiller ?

Ami le plus souvent du soleil et parfois de la lune pour les volatiles nocturnes, fils du printemps joyeux, même dans l'hiver et son obscurité, l'oiseau surgit au sein de la Création, comme un modèle. Le contempler provoque un éveil, non seulement de la conscience mais de la sagesse. Celle-ci exige un constant détachement, le refus des racines qui enlisent et stoppent l'ascension. Le discernement des choix et des options s'accomplit conformément à la propre nature de chacun. L'existence de l'oiseau se déroule dans un climat d'optimisme, de confiance, de spontanéité. Et aussi dans un constant oubli du passé au profit d'une nouveauté capable de s'affirmer dans l'instant.

Le chant de l'oiseau correspond à la voix de l'homme. La particularité des sons s'exprimant par des cris ou des mélodies, parfois incantatoires, stipule son individualité et par conséquent ses différences. L'oiseau s'accepte sans complexe. La forme de son corps, filiforme par rapport à l'étendue de ses ailes déployées, de sa poupe, et sa coloration permettent de le situer. Si on perçoit son chant, lorsqu'il se cache des regards indiscrets, il est possible de préciser son nom. De même, une oreille subtile capte le timbre d'une voix humaine et détermine la force ou la fragilité, la finesse ou l'épaisseur de celui qui émet des sons ; l'harmonie ou la discordance deviennent audibles. La voix de l'homme révèle son état. Elle correspond au regard. Les deux peuvent momentanément tromper. Sous le voile du mensonge, les intonations et les expressions des yeux ne sauraient duper l'attention d'un observateur. L'oiseau possède le privilège de ne point masquer sa voix, aucune mondanité ne l'altère, point de préciosité. Pas de timidité accusant des problèmes psychiques ; aucune vulgarité accusant son origine sociale ou l'accent de la région à laquelle il appartient.

Le plus souvent, durant son existence, l'oiseau se défie de la présence humaine. Sa crainte s'abolit lorsqu'il se sent aimé d'un amour qui respecte son autonomie. L'oiseau est capable de saisir l'innocence et la pureté du cœur. Alors il se familiarise tout en conservant son indépendance et son caractère sauvage qui ne saurait supporter l'aliénation d'une mise en tutelle. Plus encore, il parvient à éliminer sa peur ancestrale, celle d'une éventuelle captivité qui sans cesse le guette et qui serait plus cruelle que le trépas. Pour l'homme, l'esclavage désigne la conscience commune, le goût de l'imitation, la soumission à une autorité qui dispense de se prendre en charge. À chaque instant, l'oiseau trace son chemin : il n'existe pas de sentier pour ceux qui ont des ailes !

L'oiseau vit allégrement ses particularités. Ainsi le merle est un merle par son plumage et son chant. Il en est de même pour la mésange et les différents volatiles. L'oiseau porte son originalité d'une façon naturelle, conformément à son espèce. Malheureusement, l'homme répond rarement à sa vocation propre. Et cela d'autant plus qu'il l'ignore. Se noyer dans la masse le rassure ; il suit volontiers les modes successives afin de s'affirmer au goût du jour. Par l'imitation d'autrui, il se banalise.

Évoqué dans l'art, la littérature, les contes initiatiques et les légendes, présent dans le folklore de toutes les traditions, l'oiseau n'est jamais neutre. Il est porteur d'un signe pour celui qui sait l'interpréter. Seule l'ignorance ou la superstition peut déchiffrer parfois un mauvais présage. Celui qui est pourvu d'une connaissance, située au-delà d'un savoir, éprouve pour l'oiseau une immense tendresse. L'homme devenu ailé parvient à une nouvelle naissance comportant des sens intérieurs de plus en plus subtils.

« La langue des oiseaux » repose sur l'assonance. Phonétique, elle échappe aux règles de la grammaire. D'après Fulcanelli[1], ce langage se situe à l'origine des langues, il aurait été utilisé par Adam dans l'Éden, lorsqu'il nomma les animaux qui défilèrent devant lui. La « langue des oiseaux » peut sembler obscure et par conséquent difficile d'accès. Son déchiffrement est aidé par les symboles qu'elle véhicule et aussi par les images qui, parfois, l'accompagnent. Aucune interprétation littérale ne saurait être retenue. S'y fixer deviendrait une source d'erreur tragique. Malheureusement la plupart des hommes s'attachent uniquement à la littéralité du fait de leur ignorance et de leur incapacité à pénétrer dans l'hermétisme.

Au sommet des diverses interprétations symboliques, l'oiseau correspondant à l'Esprit, au souffle. Chevauchant le vent – tel le chevelu des Upanishads – ou la grue avec le taoïsme, l'Éveillé transporte les semences, le pollen. Artisan anonyme des noces entre le Ciel et la Terre, le Haut et le Bas, il stimule l'ascension de l'homme afin de lui faire retrouver son état originel.

Ainsi, l'oiseau déploie son vol dans une jubilation née de sa parfaite liberté. Telle la dimension de profondeur inaltérable, car elle échappe au temps et à l'histoire, l'essence de l'oiseau s'exprime dans son existence. Cette unité, il la communique, suivant l'expression de Jules Supervielle,

« *au morceau de la Terre altéré par le ciel* ».

NOTES

Première partie : Spécificité des oiseaux

1. *L'Art de la plume. Indiens du Brésil*, plaquette publiée à l'occasion de l'exposition « L'art de la plume », Genève, 1985 ; Paris, 1986, p. 5.
2. Sur ce sujet, voir Jean-Paul Clébert, *Du symbolisme animal*, Paris, Albin Michel, 1971, p. 359.
3. Voir sur ce thème le *Vocabulaire de théologie biblique*, Paris, éd. du Cerf, 1977, pp. 64-68.
4. Sur ce sujet, voir Gabriel Bianciotto, *Bestiaire du Moyen Âge*, Paris, Stock, 1988.
5. Allusion à la fameuse phrase de Jaspers : *Das Dasein ist rund*, 1856, p. 291. *La Poétique de l'espace*, Paris, PUF, 1957, p. 212.
6. *Ibid.*, pp. 212-213.
7. *Poésie*, trad. Maurice Betz, Paris, Émile-Paul, 1938, p. 95.
8. Mario Meunier, *La Légende dorée des dieux et des héros*, rééd., Paris, Albin Michel, 1980, pp. 310-312.
9. Charbonneau-Lassay, *Le Bestiaire du Christ*, L. J. Toth, Milan, 1974, pp. 657-659.
10. *Ibid.*, pp. 660-662.
11. Voir sur ce sujet Jean Daniélou, « La colombe et la ténèbre dans la mystique byzantine ancienne, dans *Eranos Jahrbuch*, 1954 (XXIII), Zurich, 1955, pp. 396-397.
12. *L'Interprétation des contes de fées*, Paris, La Fontaine de Pierre-Dervy, 1987, pp. 85-86.
13. *Le Bestiaire du Christ*, *op. cit.*, p. 664.
14. Texte cité par René Huyghe, *L'Art et l'âme*, Paris, Flammarion, 1960, p. 7.
15. Antoine Goléa, *Rencontres avec Olivier Messiaen*, Paris, Slatkine, 1984, p. 252.
16. *Ibid.*, p. 223.
17. *Pèlerin chérubinique*, liv. 4,54, trad. Henri Plard, Paris, Aubier, 1946, p. 209.
18. Ramuz, écrivain suisse qui demeura dans le canton de Vaud. Un de ses ouvrages, *Si le soleil ne revenait pas*, fut composé en 1937.
19. Paris, Flammarion, 1959, p. 41.

20. Gaston Bachelard, *L'Air et les songes*, Paris, José Corti, 17ᵉéd. 1990, p. 55.
21. *Ibid.*, p. 157.
22. Texte d'Hadewijch (XI) cité par Frédéric Nef, « Expérience du vide et ontologie chez les mystiques rhénans », dans *Hermès*, 6, « Le Vide », Paris, 1969, p. 120.
23. Paris, Belfond, 1978.
24. *Carnets*, Léonard de Vinci, trad. par Louise Servicen, Paris, Gallimard, 1942, t. II, p. 455.
25. A. Fontrier, *Saint Nectaire d'Egine*, Paris (sans date), p. 72.

Deuxième partie : Diversité des oiseaux

1. *L'Air et les songes*, *op. cit.*, p. 101.
2. Texte cité par Kathleen Raine, dans *L'Imagination créatrice de William Blake*, trad. sous la direction de Jacqueline Genet, Université de Caen, Paris, Berg International, 1983, p. 120.
3. *Idem.*
4. Voir sur ce thème, Jean Daniélou, « La colombe et la ténèbre dans la mystique byzantine ancienne », dans *Eranos Jahrbuch*, 1954, Zurich, 1955, p. 416.
5. Trad. Henriette Meyer, *Documents spirituels* n° 7, Cahiers du Sud, Paris, Fayard, 1953.
6. *Carnets*, *op. cit.*, t. II, p. 474.
7. Voir *Dictionnaire des symboles chinois*, Paris, Seghers, 1984, p. 198.
8. Trad. Garcin de Tassy, Paris, Sindbad, dern. éd. 1991, p. 47 sv.
9. Deux sortes d'orthographe sont utilisées par les différents auteurs : « Simorg » et « Sîmorgh ». Voir plus loin « La sîmorgh », p. 115 sv.
10. Voir Louis Charbonneau-Lassay, *Le Bestiaire du Christ*, Milan, 1974, p. 428.
11. Aristophane, *Les Oiseaux*, trad. A. M. Desrousseaux, Paris, Vrin, 1950, p. 19.
12. Antoine Goléa, *Rencontres avec Olivier Messiaen*, Paris, éd. Slatkine, 1984, p. 71.
13. Cf p. 175, sv...
14. Voir Wolfram Eberhard, *Dictionnaire des symboles chinois*, Paris, Seghers, 1984, p. 223 et 226.
15. *Les Révélations de la mort*, Paris, Plon, 1923, p. 6.
16. Idries Shah, *Contes derviches*, Paris, Le Courrier du livre, 1979, pp. 147-149.
17. Voir à ce propos, l'excellente plaquette qui lui a été consacrée par Lucienne Portier, *Le Pélican*, Paris, éd. du Cerf, 1984.
18. Angelus Silesius, *Le Pèlerin chérubinique*, Paris, Aubier, 1946, p. 161.
19. Cf. Jean-Paul Clébert, *Dictionnaire du symbolisme animal*, Paris, Albin Michel, 1974, pp. 333-334.
20. Novalis, *Hymne à la nuit*, II, trad. d'Armel Guerne, Paris, Gallimard, 1975, p. 123.

21. Victor Hugo, « La Prière pour tous », dans *Les Feuilles d'automne*, Poésie, t. 1, Paris, L'intégrale/Seuil, 1972, p. 309.
22. Cf. Henri Gouhier, « La conversion de Maine de Biran au platonisme », dans *Revue des sciences philosophiques et théologiques*, II, Paris, Vrin, 1941-1942, pp. 269-270.
23. *Harmonies poétiques et religieuses*, 1.4, VIII : « Au rossignol ».
24. *Dictionnaire des symboles chinois. op. cit.*, p. 272-273.
25. Voir Robert Turcan, *Les Cultes orientaux dans le monde romain*, Paris, Les Belles Lettres, 1989, pp. 220, 229-230.
26. *L'Imaginaire médiéval*, Paris, N.R.F., éd. Gallimard, 1935, p. 325.
27. Dans l'Arche se trouvait un couple de chaque espèce. D'où la nécessité de dire « le corbeau » et non « un corbeau ». Il est évident qu'il s'agissait du mâle.
28. *Dictionnaire des symboles chinois, op. cit.*, pp. 95-96.
29. Aristophane, *Les Oiseaux*, trad. par A. M. Desrousseaux, Paris, Vrin, 1950, p. 56.
30. Victor Malka, *Ainsi parlait le hassidisme*, Paris, éd. du Cerf, 1990, p. 24.
31. Texte cité dans Lu Tsou, *Le Secret de la Fleur d'or*, trad. de Liou Tse Houa, Paris, Libraire Médicis, 1969, p. 20.
32. Cf. Henry Corbin, *L'Archange empourpré*, Documents spirituels, Paris, Fayard, 1976, p. 214, note 1.
33. Paris, P.U.F., 1988.
34. *Ibid.*, p. 62.
35. *Ibid.*, p. 73.
36. Voir sur ce thème *Dictionnaire des symboles chinois, op cit.*, pp. 269-271.
37. Sur le thème du phénix, voir les nombreuses citations des écrivains dans *Le Bestiaire du Christ* de Charbonneau-Lasay, *op. cit.*, pp. 405-419.
38. *Le Mythe du phénix dans les littératures grecque et latine*, Bibliothèque de la faculté de Liège, 1939.
39. *Fragments d'une poétique du feu*, Paris, P.U.F., 1988, p. 72, note 6.
40. *Id.*
41. *Ibid.*, p. 75.
42. *Histoire naturelle*, livre X, II, 2, trad. fr. É. de Saint-Denis, Paris, 1964, pp. 27-29.
43. Panchorïe, selon Virgile, se situe dans l'« Arabie heureuse ». Sur ce thème du Phénix, voir Nicolas Sed, *La Mystique cosmologique juive*, éd. de l'École des hautes études en sciences sociales, Paris, Mouton, 1981, p. 283.
44. Rien d'extraordinaire. On croyait volontiers que le martinet, censé réaliser 160 km/h, non seulement se nourrissait en volant, mais s'accouplait. Sa rapidité relève de la longueur de ses ailes. Celles-ci, en forme de faucille, lui permettent d'accomplir d'immenses distances.
45. *Le Bestiaire du Christ, op. cit.*, pp. 423-424.
46. *Ibid.*, pp. 426-427.
47. Paulin de Nole, *IVe Panégyrique de saint Félix*, évêque de Nole.
48. Voir « la huppe », p. 78 sv.

49. *L'Archange empourpré, op. cit.*, p. 197.
50. *Ibid.*, p. 198.
51. *L'Archange empourpré, op. cit.*, p. 199.
52. *Ibid.*, p. 443.
53. Texte cité par Henry Corbin, *op. cit.*, p. 451.
54. *Ibid.*, pp. 452, 455, 466, note 20.

Troisième partie : L'oiseau dans la culture

1. Sur ce thème, voir M.-M. Davy, *Initiation à la symbolique romane*, Paris, Flammarion, coll. Champs, 1977.
2. Dans la Bible, il est fait allusion à la couronne d'or (Ps 21,4) ; l'Éternel est comparé à une couronne éclatante (Is 28,5). L'apôtre Jacques (1,12) écrit : « Heureux l'homme qui supportera l'épreuve ! Devenu un homme éprouvé, il recevra la couronne de vie que Dieu a promise à ceux qui l'aiment. »
3. Sur ce sujet, voir M. Loeffler-Delachaux, *Le Cercle, un symbole*, Genève, éd. du Mont Blanc (sans date), p. 59.
4. F. Cumont, *Le Symbolisme funéraire des Romains*, Paris, Librairie orientaliste, 1942, p. 240.
5. Sur la présence des oiseaux dans les églises romanes, voir l'excellente collection du Zodiaque publiée par l'abbaye Sainte-Marie de La Pierre-qui-Vire (Yonne).
6. Sur ce thème, voir Jordan Ivanov, *Livres et légendes bogomiles*, Paris, Maisonneuve et Larose, 1976, p. 176. Borges, dans *Le Livre des êtres imaginaires*, parle du phénix. Il fait aussi allusion au rock qui serait une magnification de l'aigle ou du vautour. Après avoir hésité sur son origine, il pense pouvoir apparenter cet oiseau fabuleux à la sîmorgh. Avec la collaboration de Margarita Guerrero, Paris, Gallimard, 1987, pp. 40-41.
7. Cf. p. 67.
8. Voir sur ce sujet, Marthe Collinet-Guérin, *Histoire du nimbe*, Paris, Nouvelles Éditions latines, 1961.
9. *Le Moyen Âge roman, Art d'Occident*, Paris, 5e éd. Armand Colin, 1983, p. 128.
10. Ce texte traduit en français moderne par Marie-France Dupuis et Sylvain Louis a été commenté par Xénia Muratova (professeur à Paris-X) et par Daniel Poirion (professeur émérite à la Sorbonne et professeur à Yale University, U.S.A.). Édité par Philippe Lebaud, Paris, 1988.
11. *Ibid.*, p. 13.
12. Olivier Messiaen, *Musique et couleur, nouveaux entretiens avec Claude Samuel*, Paris, Belfond, 1986, pp. 250-251.
13. *Ibid.*, p. 66.
14. *Ibid.*, pp. 91-92.
15. *Ibid.*, p. 96.
16. *Ibid.*, pp. 95-96.
17. *Ibid.*, p. 93.
18. Cf. p. 178.

19. Antoine Goléa, *Rencontres avec Olivier Messiaen*, Paris-Genève, Slatkine, 1984, p. 101.
20. *Ibid.*, p. 36.
21. *Musique et couleur*, *op. cit.*, p. 104.
22. *Rencontres avec Olivier Messiaen*, *op. cit.*, p. 44.
23. *Ibid.*, p. 71.
24. *Ibid.*, p. 52.
25. *Jérôme Bosch et ses symboles*, Bruxelles, Palais des Académies, 1976.
26. Dans *Le Jardin des délices*, Bosch représente le « hibou hérétique ». Figure hybride : tête sous la forme d'un hibou, corps d'homme et de femme dos à dos.
27. *Ibid.*, p. 94.
28. *Ibid.*, p. 103.
29. *Ibid.*, p. 120.
30. Les *Carnets de Léonard de Vinci*, trad. Louise Servicen, Paris, Gallimard, 1942, t. 1, p. 7.
31. *Ibid.*, p. 215.
32. *Ibid.*, p. 216.
33. *Ibid.*, p. 232.
34. *Ibid.*
35. Cf. *Ibid.*, p. 422 sv.
36. *Ibid.*, p. 428.
37. *Ibid.*, p. 461.
38. *Ibid.*, p. 462.
39. « Du vol », dans les *Carnets*, Léonard de Vinci, t. 1, pp. 421-508. Le chapitre suivant est consacré à la machine volante.
40. *Carnets*, *op. cit.*, t. II, pp. 455 sv.
41. *Ibid.*, pp. 456-457.
42. *Ibid.*, p. 460.
43. *Ibid.*, p. 459.
44. *Ibid.*, p. 457.
45. *Ibid.*, p. 461.
46. *Ibid.*, p. 462.
47. Cf. Jacques Le Goff, *L'Imaginaire médiéval*, Paris, N.R.F., éd. Gallimard, 1935, p. 18.
48. Pour Wladimir Soloviev, l'oiseau est conscient de sa beauté et de son chant. Voir p. 153.
49. Cyrano de Bergerac. *Les États et Empires de la Lune et du Soleil*, texte établi et présenté par Claude Mettra et Jean Suyeux, Paris, Club des Libraires de France, 1962, p. XXII.
50. *Ibid.*
51. Du fait de leur amour de la liberté et aussi de leur indépendance, les chats font sans doute exception.
52. Li Tseu, *Le Vrai Classique du vide parfait*, trad. du chinois par Benedykt Grynpas, Paris, Gallimard/Unesco, 1961, p. 55.
53. *Ibid.*, p. 41.
54. Cf. Jean-Paul Clébert, *Bestiaire fabuleux*, Paris, Albin Michel, 1971, p. 16.
55. *Mille et un contes de la nuit*, par Jamel Eddine Bencheikh, Claude

Brémond, André Miquel, Paris, Gallimard, Bibl. des Idées, 1991. Voir en particulier pp. 171-180.

56. C.G. Jung, *Métamorphoses de l'âme et ses symboles*, trad. d'Yves Le Lay, Librairie de l'Université, Genève, 1953, Paris, Buchet/Chastel 1967, p. 409.

57. *Ibid.*, p. 586.

58. Voir sur ce sujet François Chamoux, *La Civilisation grecque* , Paris, Arthaud, 1968, p. 324.

59. Idries Shah, *Contes derviches*, Paris, Le Courrier du Livre, 1979, pp. 141-142.

60. *Ibid.*

61. *Mille et un contes de la nuit*, *op. cit.*, Préface p. 5.

62. Djamshid Mortazavi, *Symbolique des contes et mystique persane*, Paris, J.-C. Lattès, 1988, p. 73.

63. *Ibid.*, p. 139 sv. Il existe plusieurs versions de ce conte.

64. *Fables*, Paris, La Table Ronde, 1962, p. 44.

65. *Contes* de J. et W. Grimm, trad. de Jacqueline Blumer, p. 394. Voir le commentaire de Marie-Louise von Franz, *L'Interprétation des contes de fées*, Paris, La Fontaine de Pierre et Dervy-Livres, 1987, p. 61 sv.

66. Ueda Akinari, *Contes de pluie et de lune*, trad. du japonais, Paris, Gallimard/Unesco, 1956, p. 59.

67. Wladimir Soloviev, *Le Sens de l'amour. Essais de philosophie esthétique*, Paris, O.E.I.L., 1985, p. 225.

68. Samivel, *L'Œil émerveillé*, Paris, Albin Michel, 1976, p. 32.

69. *Haïku*, texte français de Roger Munier, *Documents spirituels* 15, Paris, Fayard, p. 32 sv... 1978.

70. Marie-Louise von Franz, *La Voie de l'individuation dans les contes de fées*, Paris, La Fontaine de Pierre, 1978, p. 195.

71. *Ibid.*

72. *Ibid.*, pp. 195-196.

73. *Ibid.*, p. 201.

74. *Ibid.*, p. 207.

75. *Id.*

76. *Ibid.*, p. 209.

77. *Id.*

78. *Hymnes spéculatifs du Véda*, trad. du sanscrit par Louis Renou, dans coll. Connaissance de l'Orient, Paris, Gallimard/Unesco, 1956, p. 131.

79. *L'Ivresse d'éveil. Faits et gestes de Ji Gony, le moine fou*, présentation et traduction du chinois par Yves Robert, Paris, Les Deux Océans, 1989, p. 16.

80. Mircea Éliade, « Symbolisme de l'ascension et "rêves éveillés" », dans *Mythes, rêves et mystères*, Paris, Gallimard, 1957, pp. 133 sv.

81. *Ibid.*, pp. 135-136.

82. Mircea Éliade, *Le Chamanisme*, Paris, Payot, 1988, pp. 160, 185.

83. *Mythes, rêves et mystères, op. cit.*, p. 138.

84. Robert Desoille, *Le Rêve éveillé en psychothérapie*, Paris, P.U.F. 1945.

85. Enel, *Les Origines de la Genèse et l'enseignement du temple de l'ancienne Égypte*, vol. 1, Le Caire, 1935, p. 193.

86. Marie-Louise von Franz, *L'Interprétation des contes de fées*, Paris, La Fontaine de Pierre-Dervy, 1987, p. 85.
87. *Id.*
88. Paris, pp. 218 sv. Le terme « moine » ne convient pas à Joseph de Copertino qui est un religieux.
89. Paris, Le Cerf, 1928.
90. Saint-John Perse, *Amers* suivi de *Oiseaux*, Paris, Gallimard, 1963, p. 210.
91. *Ibid.*, p. 212.
92. *Ibid.*, p. 221.
93. *Ibid.*, p. 229.
94. *Ibid.*, p. 234.
95. *Ibid.*, pp. 234-235.
96. Cf. Jacques Ellul, *Les Combats de la liberté*, Paris, Le Centurion, 1984, p. 21.
97. Gaston Bachelard, *L'Eau et les rêves*, Paris, José Corti, 1942, p. 141.
98. Trad. J. B. Porion, Paris, O.E.I.L., 1987, p. 63.
99. *Ibid.*, p. 62, n. 1.
100. Maître Eckhart, *Sermons*, trad. Jeanne Ancelet-Hustache, Paris, éd. du Seuil, 1974, t. 1, p. 47.
101. Dom Jean Leclercq, « Études sur le vocabulaire monastique du Moyen Âge », dans *Studia anselmiana*, 48, Rome, 1961, pp. 91-92. L'auteur se réfère à des témoignages de Grégoire le Grand et d'écrivains de l'époque médiévale.
102. Angelus Silesius, *Le Pèlerin chérubinique*, trad. Henri Plard, 5e livre, Paris, Aubier, 1946, p. 289.
103. Philippe Jaccottet (poète suisse), *Airs*. Paris, Gallimard, 1967, p. 39.
104. Trad. de Jean Baruzi, cf. *L'Intelligence mystique*, Paris, Berg International, 1986, p. 189.
105. Jean de la Croix, *Les Dits de lumière et d'amour*, éd. bilingue, trad. de Bernard Sesé, Paris, José Corti, 2e éd. 1991, p. 35.
106. Al Muqaddasi, *Révélations des secrets des oiseaux et des fleurs*, Paris, éd. du Rocher, 1980.
107. *Ibid.*, p. 89.
108. *Ibid.*, p. 123.
109. Mohiddin Ibn Arabî, *L'Alchimie du bonheur parfait*, traduit et présenté par Stéphane Ruspoli, Paris, Berg International, 1981, pp. 66-67.
110. C.G. Jung, *Commentaire sur le mystère de la fleur d'or*, trad. par Étienne Perrot, Paris, Albin Michel, 1979, p. 95.
111. Toukârâm, *Psaumes du pèlerin*, trad. du marathe par G.-A. Deleury, Paris, Gallimard/Unesco, 1956, p. 98.
112. *Ibid.*, p. 123.
113. *Ibid.*, p. 18.
114. *Upanishads du yoga*, trad. du sanscrit par Jean Varenne, Paris, Gallimard/Unesco, 1971, pp. 151-152.
115. *Les Entretiens de Confucius*, trad. du chinois, Paris, Gallimard, 1989, pp. 45-46.

116. Dom Jean Leclercq, « Études sur le vocabulaire monastique du Moyen Âge », dans *Studia anselmiana*, 48, Rome, 1961, p. 34.
117. *Ibid.*, p. 34, note 101.
118. *Vie de sainte Synclétique*, trad. du grec par sœur Odile Bénédicte, abbaye de Bellefontaine, 1972, p. 39.
119. *Centuries spirituelles*, 52.
120. *Prêcher d'exemples, Récits de prédicateurs du Moyen Âge*, présentés par Jean-Claude Schmitt, publié avec le concours du Centre national des lettres, pp. 32-34.
121. Sur l'ange au Moyen Âge, voir Aurélia Stapert, *L'Ange roman dans la pensée et dans l'art*, Paris, Berg International, 1975 ; *Anges et démons* (t. 21), coll. du Zodiaque, éd. de l'abbaye Sainte-Marie de la Pierre-qui-vire, 1972.
122. Hölderlin, *Poèmes (Gedichte)*, Paris, Aubier, 1974, p. 95.
123. Homélie VIII, P.L. 188, 1342 c.
124. Richard de Saint-Victor, *Sermons et opuscules spirituels inédits*, texte latin, intr. et notes par Jean Chatillon et William-Joseph Tulloch, trad. de Joseph Barthélemy, Paris, Vrin, 1951, p. LXXV-LXXVI, p. 1.
125. Henry Corbin, *L'Archange empourpré*, Documents spirituels 14, Paris, Fayard, 1976, p. 406.
126. D'où le thème de l'ubiquité vécue par certains hommes libérés et aussi par des magiciens.
127. Cf. R.H. Charles, *The Apocryphe and Pseudepigrapha of the Old Testament*, Oxford, 1913 et 1966.
128. Nicolas Sed, *La Mystique cosmologique juive*, éd. de l'École des hautes études en sciences sociales, Paris, Mouton, 1981, p. 264.
129. Cf. R.H. Charles, *ibid.*, pp. 533 sv.
130. Nicolas Sed, *ibid.*, p. 265.
131. Cf. Nicolas Sed, *ibid.*, pp. 281-282.
132. C.G. Jung, *Les Racines de la conscience*, trad. par Yves Le Lay, Paris, Buchet-Chastel, 1971, p. 414. Le « scriptum Albert » semble désigner Albert le Grand. Il s'agit, d'après Jung, d'une fausse attribution. Le texte serait du XVIe siècle.
133. *Id.* Voir aussi C. G. Jung, *Psychologie et alchimie*, trad. Roland Cahen, Paris, Buchet/Chastel, 1970.
134. L'expression « lait d'oiseau », employée par certains auteurs, tel Aristophane (*Les Oiseaux*, trad. A. M. Desrousseaux, Paris, Vrin, 1950, p. 49) signifie quelque chose que personne ne possède, sinon celui qui se tient dans une joie indicible.
135. *Amers*, suivi de *Oiseaux*, Paris, Gallimard, 1963, p. 227.

En guise de conclusion

1. Fulcanelli, *Les Demeures philosophales*, Paris, Pauvert, 1985, t. I, p. 164 ; S. Klossowski, *Alchimie*, Paris, éd. du Seuil, 1974.

INDEX DES OISEAUX

BIBLIOGRAPHIE SOMMAIRE

BALTRUSAITIS (Jurgis), *Le Moyen Âge fantastique*, Paris, Flammarion, 1981.

Le Bestiaire d'Oxford, Éditions Philippe Lebaud, 1988.

Bestiaires du Moyen Âge, transcrits en français moderne et présentés par G. Bianciotto, Paris, Stock, 1980.

BINET (Pr Léon) *Ce monde passionnant des oiseaux*, Paris, Les Productions de Paris, 1959.

BOUREAU (Alain), *L'Aigle*, Paris, éd. du Cerf, 1985.

BRUNETTO LATINI, *Petit Bestiaire*, Paris, G.L.M., 1967.

CARMODY F., « Physiologus Latinus versio Y », dans : *University of California Publications in Classical Philology*, XII, 1941, p. 95-134.

CHARBONNEAU-LASSAY (Louis), *Le Bestiaire du Christ*, Milan, 1974.

CHEVALIER (J.), GHEERBRANT (A.), *Dictionnaire des symboles*, Paris, Seghers, 1982.

CHVAPIL (Slanislav), *Oiseaux de cage et de volière*, trad. du tchèque par Yvette Joye, Paris, Gründ, 1987.

CLÉBERT (Jean-Paul), *Dictionnaire du symbolisme animal ;Bestiaire fabuleux*, Paris, Albin Michel, 1971.

DEBIDOUR (V.H.), *Le Bestiaire sculpté du Moyen Âge en France*, Paris, 1961.

DELORT (R.), *Les animaux ont une histoire*, Paris, Seuil, 1984.

EBERHARD (Wolfram), *Dictionnaire des symboles chinois*, Paris, Seghers, 1984.

FRANZ (M.-L. von), *La Voie de l'individuation dans les contes de fées*, Paris, La Fontaine de Pierre, 1978 ; *L'Interprétation des contes de fées*, Paris, La Fontaine de Pierre-Dervy, 1987.

GERHARDT (C.), *Die Metamorphosen des Pelikans, Exemple und Auslegung in mittelalterlichen Literatur* Trierer Studien zur Literatur, Berne-Frankfurt, 1979.

HUGUES (N.), *Animaux dans l'art*, Paris, éd. de Varenne, 1951.

Hugues de SAINT-VICTOR (attribué à), *De bestiis et aliis rebus*, dans : MIGNE, *Patrologia latina*, t. CLXXVII, Paris, 1844-1864.

Isidore de SÉVILLE, *Ethymologiarum sive originum Libri* XX, W. Lindsay éd., 2 vol., Oxford, 1911 (dernière édition, 1966).

JAMES (M.R.), *The Bestiary*, Roxburghe Club, Oxford, 1928.

JUNG (C.G.), *Métamorphoses de l'âme et ses symboles*, trad. d'Yves Le Lay, Genève, Georg, 1953 ; Rééd. Paris, Buchet/Chastel, 1967 *L'Énergétique psychique*, trad. d'Yves Le Lay, Genève, Georg, 1956.

KAPPLER (Claude), *Monstres, démons et merveilles à la fin du Moyen Âge*, Paris, Payot, 1980.

LASCAULT (G.), *Le Monstre dans l'art occidental*, Paris, klincksieck, 1973.

OPPEL (H.), *Those Pelican Daughters*, Akademie der Wisschenschaft und der Literatur, Mainz-Wiesbaden, 1979, 13.

PERRY (B.P.), *Physiologus*, Pauly-Wissowa Realencyclopaedie, XX, I, 1941, col. 1074-1129.

PORTIER (L.), *Le Pélican*, Paris, Le Cerf, 1984.

RÉAU (L.), *Iconographie de l'art chrétien*, Paris, 3 vol. P.U.F., 1956-1959.

Richard de FOURNIVAL, *Li Bestiaires d'amours... et li Response du Bestiaire*, C. Segre éd., Milan, 1957.

SCHADE (H.), *Dämonen und Monstren*, Gestaltungen des Bösen in der Kunst des frühen Mittelatlers, Ratisbonne, 1962.

ŠT'ASTNY (Karel), *Oiseaux aquatiques*, trad du tchèque par Jean et Renée Karel et Vera Dedenon, Paris, Gründ, 1986 ; *Oiseaux chanteurs*, trad. par Yvette Joye, *id.*, 1987.

WHITE (T.H.), *The Bestiary*, New York, 1960.

YAPP (Brunsdin), *Birds*, in *medieval manuscripts*, London, British Library, 1981

TABLE

OUVRAGES DE MARIE-MADELEINE DAVY

Essais

Introduction au message de Simone Weil, Paris, Plon, 1954 (épuisé).
Essais sur la symbolique romane, coll. « Homo sapiens », Paris, Flammarion, 1955.
Initiation à la symbolique romane, Paris, 1964, édité dans la collection « Champs », 1977.
Simone Weil, coll. « Témoins du XXe siècle », Paris, Éd. Universitaires, 1956.
Un philosophe itinérant : Gabriel Marcel, coll. « Homo sapiens », Paris, Flammarion, 1964.
Nicolas Berdiaev, l'homme du huitième jour, coll. « Homo sapiens », Paris, Flammarion, 1964. Rééd. *Le Félin*, 1992.
Simone Weil, coll. « SUP », Paris, P.U.F., 1966.
La Connaissance de soi, coll. « SUP », 5e éd., Paris, P.U.F., 1988.
L'Homme intérieur et ses métamorphoses, Paris, éd. de l'Épi, 1974, 4e éd., 1984.
Un itinéraire : à la découverte de l'intériorité, Paris, éd. de l'Épi, 1977, 3e éd. 1984.
Henri Le Saux, Swami Abhishiktananda, le Pasteur entre deux rives, coll. « Témoins spirituels d'aujourd'hui », Paris, éd. du Cerf, 2e éd., 1983.
Le Désert intérieur, Paris, Albin Michel, 1983, éd. de poche, 1985.
« Évolution de la liturgie chrétienne », dans *Histoire des spectacles*, La Pléiade, Paris, Gallimard, 1965.
« Clefs de l'art roman », dans *Sources et clefs de l'art roman*, Paris, Berg International, 1973.
Encyclopédie des mystiques occidentale et orientale, direction et articles, Paris, Laffont, 2 vol., 1972 et 1975, éd. Seghers, 1977, 4 vol.
« Histoire et pensée sur la divinité », dans *Croyants hors frontière*, Paris, Buchet-Chastel, 1975.
« La lumière dans le christianisme », dans *Le Thème de la Lumière*, Paris, Berg International, 1976.

Récits et nouvelles

Le Berger du soleil, Paris, Buchet-Chastel, 1965.
Muni, Récit d'une expérience d'intériorité, Paris, Retz, 1985.
La Danse de l'amour et de l'humour, éd. Présence, 1988.
Traversée en solitaire, Paris, éd. Albin Michel, 1989.

Études médiévales

Les Sermons universitaires parisiens (1230-1231). Contribution à l'histoire de la prédication médiévale, coll. « Études de philosophie médiévale », Paris, Vrin, t. XV.
Pierre de Blois, Un traité de l'amour du XIIe siècle (ouvrage couronné par l'Académie française) [épuisé].
Guillaume de Saint-Thierry, Meditativae orationes, coll. « Textes philosophiques », Paris, Vrin.
Un traité de la vie solitaire : Epistola ad Fratres de Monte-Dei, Guillaume de Saint-Thierry, préface de Dom Wilmart, coll. « Études de philosophie médiévale », Paris, Vrin, t. XXIX, 2 vol.

Saint Bernard, œuvres traduites et préfacées, coll. « Maîtres de la spiritualité chrétienne », Paris, Aubier, (épuisé).
Guillaume de Saint-Thierry, Deux traités de l'amour de Dieu, Bibliothèque des textes philosophiques, Paris, Vrin.
Théologie et mystique de Guillaume de Saint-Thierry, t. I : *La connaissance de Dieu* (thèse de doctorat de philosophie).
Guillaume de Saint-Thierry. Commentaire des Cantiques, Bibliothèque des textes philosophiques, Paris, Vrin.
Guillaume de Saint-Thierry, Deux traités sur la foi : Le miroir de la foi ; L'énigme de la foi ; Bibliothèque des textes philosophiques, Paris, Vrin.
Initiation médiévale, la philosophie au XIIe siècle, coll. « Bibliothèque de l'Hermétisme », Paris, Albin Michel, 1980 et 1987.
« Le Moine et l'Ange en Occident au XIIe siècle », dans *L'Ange et l'Homme*, coll. « Cahiers de l'Hermétisme », Paris, Albin Michel, 1978.
Bernard de Clairvaux, Paris, éd. du Félin, 1990.

« *Spiritualités vivantes* »
Collection fondée par Jean Herbert
au format de poche

1. *La Bhagavad-Gitâ*, de Shrî AUROBINDO.
2. *Le Guide du Yoga*, de Shrî AUROBINDO.
3. *Les Yogas pratiques (Karma, Bhakti, Râja)*, de Swâmi VIVEKÂNANDA.
4. *La Pratique de la méditation*, de Swâmi SIVANANDA SARASVATI.
5. *Lettres à l'Ashram*, de GANDHI.
6. *Sâdhanâ*, de Rabindranâth TAGORE.
7. *Trois Upanishads (Ishâ, Kena, Mundaka)*, de Shrî AUROBINDO.
8. *Spiritualité hindoue*, de Jean HERBERT.
9. *Essais sur le Bouddhisme Zen*, première série, de Daisetz Teitaro SUZUKI.
10. – *Id.*, deuxième série.
11. – *Id.*, troisième série.
12. *Jñana-Yoga*, de Swâmi VIVEKÂNANDA.
13. *L'Enseignement de Râmakrishna*, paroles groupées et annotés par Jean HERBERT.
14. *La Vie divine*, tome I, de Shrî AUROBINDO.
15. – *Id.*, tome II.
16. – *Id.*, tome III.
17. – *Id.*, tome IV.
18. *Carnet de pèlerinage*, de Swâmi RAMDAS.
19. *La Sagesse des Prophètes*, de Muhyi-d-dîn IBN'ARABÎ.
20. *Le Chemin des Nuages blancs*, d'ANAGARIKA GOVINDA.
21. *Les Fondements de la mystique tibétaine*, d'ANAGARIKA GOVINDA.
22. *De la Grèce à l'Inde*, de Shrî AUROBINDO.
23. *La Mythologie hindoue, son message*, de Jean HERBERT.
24. *L'Enseignement de Mâ Ananda Moyî*, traduit par Josette HERBERT.

Nouvelles séries dirigées par
Marc de Smedt

25. *La Pratique du Zen*, de Taisen DESHIMARU.
26. *Bardo-Thödol. Le Livre tibétain des morts*, présenté par Lama ANAGARIKA GOVINDA.
27. *Macumba. Forces noires du Brésil*, de Serge BRAMLY.
28. *Carlos Castaneda. Ombres et lumières*, présenté par Daniel C. NOËL.
29. *Ashrams. Grands Maîtres de l'Inde*, d'Arnaud DESJARDINS.
30. *L'Aube du Tantra*, de Chogyam TRUNGPA et H. V. GUENTHER.
31. *Yi King*, adapté par Sam REIFLER.
32. *La Voie de la perfection, l'enseignement secret d'un maître kurde en Iran*, de BAHRÂM ELÂHI.
33. *Le Fou divin. Yogi tantrique tibétain du XVI*e siècle, de Drukpa KUNLEY.
34. *Santana, l'enseignement de Maître Goenka en Inde*, de Dominique GODRÈCHE.
35. *Dialogues avec Lanza del Vasto*, par René DOUMERC.
36. *Techniques de méditation et pratiques d'éveil*, de Marc de SMEDT.
37. *Le Livre des secrets*, de BHAGWAN SHREE RAJNEESH.
38. *Zen et arts martiaux*, de Taisen DESHIMARU.
39. *Traité des Cinq Roues (Gorin-no-Sho)*, de Miyamato MUSASHI.

40. *La Vie dans la vie. Pratique de la philosophie du sâmkhya d'après l'enseignement de Shrî Anirvân*, de Lizelle REYMOND.
41. *Satori. Dix ans d'expérience avec un Maître Zen*, de Jacques BROSSE.
42. *Discours et sermons*, de HOUEÏ-NÊNG, traduit par Lucien HOULNÉ.
43. *Tao Te King*, de LAO TSEU.
44. *Questions à un Maître Zen*, de Taisen DESHIMARU.
45. *Les Contes des arts martiaux*, recueillis par Pascal FAULIOT et présentés par Michel RANDOM.
46. *Essais sur les mystiques orientales*, de Daniel ODIER et Marc de SMEDT.
47. *Zen et vie quotidienne*, de Taisen DESHIMARU.
48. *Le Désert intérieur*, de Marie-Madeleine DAVY.
49. *La Sagesse de l'éveil*, textes présentés par Marc de SMEDT.
50. *L'Esprit guide, entretiens avec Karlfried Durckheim*, par Frantz WOERLY.
51. *Les Appeleurs d'âmes. L'Univers chamanique des Indiens des Andes*, de Sabine HARGOUS.
52. *Le Chemin de la Lumière, la Voie de Nur Ali Elâhi*, par BAHRÂM ELÂHI.
53. *L'Art de la réalisation*, de CHANDRA SWAMI.
54. *Le Trésor du Zen*, de Maître DOGEN, traduit et commenté par Taisen DESHIMARU.
55. *Aphorismes*, de TCHOUANG TSEU, présentés par Marc de SMEDT.
56. *L'Esprit caché de la liberté*, de Tarthang TULKU.
57. *Métanoïa. Phénomènes physiques du mysticisme*, d'Aimé MICHEL.
58. *L'Enseignement de Ramana Maharshi*, traduit par A. DUPUIS, A. PERRELI et J. HERBERT.
59. *Le Bol et le Bâton, cent vingt contes Zen* racontés par Maître Taisen DESHIMARU.
60. *Traité de l'amour*, d'Ibn'ARABI, introduction, traduction de l'arabe et notes de Maurice GLOTON.
61. *L'Évangile de Thomas*, traduit et commenté par Jean-Yves LELOUP.
62. *L'Enseignement du Dalaï-Lama*, de Tenzin GYATSO, traduit par G. TULKU, G. DREYFUS et A. ANSERMET.
63. *La Montagne vide, anthologie de la poésie chinoise*, traduction de Patrick CARRÉ et Zéno BIANU.
64. *Mystères de la sagesse immobile*, de Maître TAKUAN, traduction et présentation de Maryse et Masumi SHIBATA.
65. *La Sagesse du désert, aphorismes des Pères du désert*, de Thomas MERTON, traduction de Marie TADIÉ.
66. *La Pratique du yoga intégral*, de Shrî AUROBINDO, textes groupés, traduits et préfacés par Jean HERBERT.
67. *L'Autre Rive*, textes fondamentaux du Zen commentés par Maître Taisen DESHIMARU. Présentation par Evelyn de SMEDT.
68. *Méditation et santé selon les traditions et médecines chinoises*, de Gérard EDDE.
69. *Métaphysique et psychologie*, de Shrî AUROBINDO.
70. *Le Mesnevi, 150 contes soufis*, de DJÂLAL AL-DIN RÛMI.
71. *Initiation et sagesse des contes de fées*, de Dennis BOYES.
72. *Initiation aux Livres des Morts égyptiens*, de Fernand SCHWARZ.
73. *Ivre de Tao. Li Po, voyageur, poète et philosophe, en Chine, au VIIIe siècle*, textes réunis et présentés par Daniel GIRAUD.
74. *Futuwah, traité de chevalerie soufie*, traduit et introduit par Faouzi SKALI.
75. *Qui suis-je ? La quête sacrée*, par Jean KLEIN.
76. *L'Évangile de Jean*, traduit et commenté par Jean-Yves LELOUP.
77. *Les Secrets du Soi*, suivi par *Les Mystères du Non-Moi*, de Mohammad IQBAL.
78. *L'Arbre de Vie. Introduction à la Cabale*, de Z'ev Ben Shimon HALEVI.
79. *Le Livre des œuvres divines (Visions)*, de Hildegarde de BINGEN, présenté et traduit par Bernard GORCEIX.

80. *Instructions fondamentales. Introduction au bouddhisme Vajrayana*, de Kalou RINPOTCHE.
81. *Le Prophète*, de Khalil GIBRAN.
82. *La Paix monastique*, de Thomas MERTON.
83. *Le Fou et le Créateur*, de Daniel PONS.
84. *Zen et christianisme*, d'Evelyn de SMEDT.
85. *Le Livre divin*, de Fariddudine ATTAR.
86. *Écrits sur l'hésychasme*, de Jean-Yves LELOUP.
87. *Le Sable et l'écume*, de Khalil GIBRAN.
88. *Les Fleurs de Bouddha, anthologie du bouddhisme*, de Pierre CRÉPON.
89. *Yoga-Sutras*, de PATANJALI, traduction du sanscrit et commentaires de Françoise MAZET.
90. *Nuages fous*, d'IKKYÛ, traduit du japonais et commenté par Maryse et Masumi SHIBATA.
91. *Écrits*, du père Henri LE SAUX, choisis et présentés par Marie-Madeleine DAVY.
92. *Le Jardin de roses*, de SAADI.
93. *Trois Messagers pour un seul Dieu*, de Roger ARNALDEZ.
94. *Paroles du Mont Athos*, de Jean-Yves LELOUP.
95. *À Bible ouverte*, t. I, de Josy EISENBERG et Armand ABECASSIS.
96. *Popol Vuh. Le Livre des Indiens Mayas Quichés*, traduit de l'espagnol par Valérie FAURIE.
97. *L'Œil du prophète*, de Khalil GIBRAN.
98. *Chercheur de vérité*, d'Idries SHAH, traduit par Jean NÉAUMET et préfacé par Doris LESSING.
99. *Le Chant de l'immédiat satori*, de Yoka DAISHI, traduit et commenté par Taisen DESHIMARU.
100. *Le Yoga de l'amour*, de Jean HERBERT.
101. *Et Dieu créa Ève, À Bible ouverte*, t. II, de Josy EISENBERG et Armand ABECASSIS.

Album « *Spiritualités vivantes* »

Offrande, textes et photos de Daniel PONS.
Le Prophète, de Khalil GIBRAN.

« *Spiritualités vivantes* »
grand format

La Voie soufie, de Faouzi SKALI.
Musique et extase, l'audition mystique dans la tradition soufie, de Jean DURING.
Enseignements essentiels, du DALAÏ LAMA, prix Nobel de la Paix.
Thomas Merton, un trappiste face à l'Orient, par Gilles FARCET.
L'Église et les religions ou le désir réorienté, du père Jacques VIDAL.
L'Expérience du Zen, de Thomas HOOVER.
Soleil de prières, anthologie du monde entier, de Sylvie REFF.
Rencontres avec Carlos Castaneda et Pachita la guérisseuse, de Maurice COCAGNAC.
Femmes en quête d'absolu, de Simone Weil à Élisabeth Kübler-Ross, d'Anne BANCROFT.
Ivresse de Dieu, Aventures spirituelles en Égypte, au IVe siècle, de Monique A. BERRY.
Le Maître et le Thérapeute, de Jacques VIGNE.
Dans le silence de l'Aleph, de Claude VIGÉE.
Ultimes paroles, entretiens avec Lakshmi Prasad, de KRISHNAMURTI.

CET OUVRAGE A ÉTÉ COMPOSÉ
PAR L'ATELIER DU LIVRE À REIMS
ET ACHEVÉ D'IMPRIMER DANS LES ATELIERS
DE L'IMPRIMERIE POLLINA À LUÇON
POUR LES ÉDITIONS ALBIN MICHEL
EN MARS 1992

N° d'édition : 12159. N° d'impression : 14632
Dépôt légal : mars 1992.